Espacios literarios

Él y ella

Amor, amantes y amados

Diez obras de teatro y algunas de poesía

Cornelsen

Espacios literarios | Él y ella. Amor, amantes y amados.
Diez obras de teatro y algunas de poesía

Herausgeber: Wolfgang Steveker
Vokabelannotationen und Aufgaben: Nadine Hassan
Verlagsredaktion: Julia Goltz
Umschlaggestaltung: werkstatt für gebrauchsgrafik, Berlin
Layout und technische Umsetzung: Annika Preyhs für Buchgestaltung+, Berlin
Umschlagfoto: Corbis/zefa: © Moellenberg
Fotos: ©iStockphoto (S. 6, 58, 120, 121); © E.M. Promoción de Madrid S.A., 2008, Kike González (S. 120)

Verwendete Abkürzungen

a/c	alguna cosa	lit.	literario	jmd.	jemand
alg.	alguien	loc.	locución	jdm.	jemandem
f.	feminino	m.	masculino	jdn.	jemanden
fam.	familiar	pl.	plural	etw.	etwas
impers.	impersonal	vulg.	vulgar		
iron.	irónico				

www.cornelsen.de

1. Auflage, 1. Druck 2009

Alle Drucke dieser Auflage sind inhaltlich unverändert und können im Unterricht nebeneinander verwendet werden.

Druck: CS-Druck CornelsenStürtz, Berlin

ISBN 978-3-464-20300-2

Inhalt gedruckt auf säurefreiem Papier aus nachhaltiger Forstwirtschaft.

Encuentros breves

7 **Solos esta noche** *Paloma Pedrero*

23 **Breve encuentro** *José Luis Alonso de Santos*

35 **Ultimar detalles** *Carmen Resino*

51 **Historias mínimas: XII** *Javier Tomeo*

53 **Historias mínimas: XXXII** *Javier Tomeo*

Lo que queda

59 **Sinceridad** *José Luis Alonso de Santos*

65 **Una cuestión de honor** *José Luis Alonso de Santos*

73 **Una verdadera mártir** *José Luis Alonso de Santos*

77 **Resguardo personal** *Paloma Pedrero*

91 **¿Tengo razón o no?** *Concha Romero*

Anexo

113 **Rima XXIII** *Gustavo Adolfo Bécquer*

114 **Rima LIII** *Gustavo Adolfo Bécquer*

116 **Poema 18** *Pablo Neruda*

118 **Difícil** *Juanes*

120 **Él y ella**

122 **Cuadros de amor y humor, als fresco** *José Luis Alonso de Santos*

124 **Los jóvenes no quieren ir al teatro** *El mundo*

126 **¿Cómo ocupar su ocio?** *Ideal*

Encuentros breves

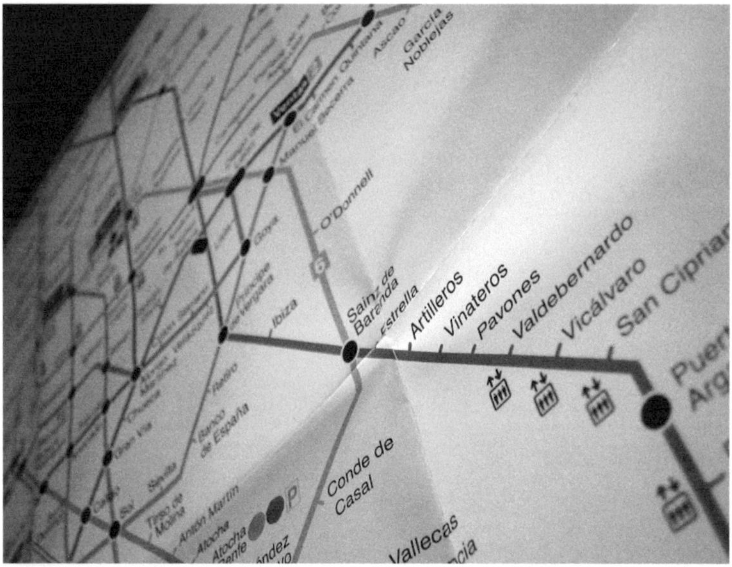
O'Donnell
Sainz de Baranda
Estrella
Artilleros
Vinateros
Pavones
Valdebernardo
Vicálvaro
Ibiza
Goya
Retiro
Banco de España
Conde de Casal
Vallecas

Paloma Pedrero

Solos esta noche

Personajes
Carmen, funcionario[1] del Estado
José, obrero en paro

Estación de metro. No hay nadie en el andén[2]. Entra Carmen. Es una mujer de treinta y bastantes años. Va vestida de forma elegante pero muy convencional. Pelo de peluquería y uñas[3] largas y pintadas. Carmen, con cierta inquietud, se sienta en un banco y espera. Al poco, aparece José. Es un joven moreno de piel y musculoso. Carmen, al verlo, disimula un sobresalto[4]. El joven se sienta en otro banco y enciende un cigarro. Mira a Carmen. Carmen pasea nerviosa por el andén. Después de un momento, el joven comienza a acercarse a la mujer. Carmen, asustada, se agarra[5] el bolso y se dirige hacia la salida. El joven la llama con un «Eh, oye...». Carmen se para en seco[6]. José llega hasta ella.

CARMEN.—*(Muy asustada. Hablando muy deprisa.)* No tengo nada. Me he metido en el metro porque me he quedado sin dinero. Ni un duro, te lo juro... Toma, *(Le da el bolso.)* puedes quedarte con él. El reloj es caro.

1 el/la funcionario/-a: Beamter, Beamtin
2 el andén: Bahnsteig
3 la uña: (Finger-)Nagel
4 el sobresalto: el susto
5 agarrarse: *aquí* coger
6 en seco: de repente

Toma, puedes venderlo... Los anillos... ¡No puedo sacármelos! Por favor, los dedos no. No me cortes los dedos...

JOSÉ.—*(Interrumpiéndola perplejo.)* Pero, ¿qué dices? ¿qué te pasa? ¿te he pedido yo algo?

CARMEN.—¿Qué quieres? ¿Qué quieres de mí?

JOSÉ.—Joder, qué miedo llevas encima, ¿no? ¿Tengo tan mala pinta[1]?

CARMEN.—No, no, es que... Es muy tarde. No estoy acostumbrada a estar sola a estas horas... No cojo nunca el metro.

JOSÉ.—Ya. A estas horas estás en tu casa viendo la televisión. Toma tus cosas y relájate. *(Carmen asiente.)* Tranqui[2], ¿eh? Tranqui...

(Vuelve al banco y se sienta.)

CARMEN.—¿Qué querías?

JOSÉ.—Te iba a preguntar que si llevas mucho tiempo esperando.

CARMEN.—Sí, bastante. Me dijeron que tenía que pasar el último metro...

JOSÉ.—El último suele tardar. *(Mira el reloj.)* Aunque ya tenía que haber llegado.

CARMEN.—*(Mirando hacia el túnel.)* Creo que ya viene.

JOSÉ.—*(Después de un momento.)* Yo no lo oigo.

CARMEN.—No, yo tampoco.

JOSÉ.—Bueno, habrá que esperar. *(Saca un bocadillo.)* ¿Quieres?

1 la pinta: *fam.* el aspecto
2 tranqui: *fam.* estáte tranquilo/-a / quieto/-a

CARMEN.—*(Sin mirarle.)* No fumo, gracias.

(Carmen pasea nerviosa por el andén.)

JOSÉ.—Estate quieta, chica, es que me estás mareando[1]. ¿Tienes hambre?

CARMEN.—No, gracias.

JOSÉ.—Es de jamón. *(Carmen sigue paseando sin hacerle caso.)* Oye, que es de jamón.

CARMEN.—¿Y qué?

JOSÉ.—Que es de jamón. ¿No quieres un cacho[2]?

CARMEN.—No, de verdad, gracias. He cenado hace un rato.

(Sigue paseando cada vez más nerviosa.)

JOSÉ.—¿En un restaurán?

CARMEN.—¿Cómo?

JOSÉ.—¿Que si has cenado en un restaurán?

CARMEN.—Sí.

JOSÉ.—¿Sola?

CARMEN.—Se está retrasando demasiado.

JOSÉ.—¿Eh?

CARMEN.—El metro. No es normal que un metro tarde tanto.

JOSÉ.—El último sí. A veces tarda mucho. ¿Por qué no te sientas?

CARMEN.—No, gracias, prefiero estar de pie.

JOSÉ.—Tú misma[3].

1 marear a alg.: *fam.* jdn. schwindelig machen
2 un cacho: *fam.* un trozo, un poco de
3 tú mismo/-a: como quieras, tú decides

CARMEN.—Gracias.

JOSÉ.—¿Por qué?

CARMEN.—¿Por qué qué?

JOSÉ.—¿Que por qué me das tanto las gracias? No lo entiendo.

CARMEN.—Ah, no sé… *(Alejándose.)* ¡Dios mío lo que tarda…!

JOSÉ.—*(Levantando la voz.)* ¿Y has cenado sola en el restaurán?

CARMEN.—No.

JOSÉ.—¿Con tu novio?

CARMEN.—¡Dios mío, este metro no llega nunca!

JOSÉ.—Pues por aquí no se ve un alma. Lo mismo se ha averiado[1] y está colgao[2] en el túnel.

CARMEN.—Espero que no.

JOSÉ.—¿Tienes que madrugar mañana?

CARMEN.—*(Enfrentándole asustada.)* ¿Por qué dices eso?

JOSÉ.—¿Digo el qué?

CARMEN.—¿Por qué me preguntas que si tengo que madrugar mañana?

JOSÉ.—Joder[3], ni que[4] te hubiera preguntado la talla del sostén[5].

CARMEN.—¡Ah! Me voy.

1 averiarse: eine Panne haben
2 estar colga(d)o: *fam. loc.* feststecken
3 joder: *vulg.* verdammt
4 ni que: como si
5 el sostén: BH

JOSÉ.—No seas estrecha, mujer, que era una broma. Te lo preguntaba por si currabas[1]. ¿Curras o no?

CARMEN.—Sí. ¿Por qué?

JOSÉ.—Yo cuando curro me acuesto pronto para rendir[2]. Ahora estoy en paro. Mira. *(Se quita la cazadora* y *se abre la camisa. Carmen grita.)* ¿Qué te pasa?

CARMEN.—¿Qué haces?

JOSÉ.—Que te voy a enseñar la cicatriz.[3] Mira, una viga[4] que se desprendió y me cayó encima. Casi me destroza[5] el tatuaje. *(Carmen no sabe dónde meterse. José, tranquilamente, sigue hablando.)* Con el "toras[6]" que yo tenía de película, ahora marcao. Ya ves, ni guapos nos dejan ser a los cabrones. Es una cosa que siempre he pensado, lo guapa que es la gente de pelas[7]. Y no es la ropa cara, ni el pelo tan brillante, ni las alhajas[8]... No, es la piel. Es la puta piel que se hace distinta. Oye, por cierto, tú tienes una piel tela de fina. ¿Qué haces tú en una alcantarilla[9] a estas horas?

CARMEN.—Me voy. Este metro no viene. Intentaré coger un taxi.

JOSÉ.—¿Pero no decías que no tenías pelas?

CARMEN.—No tengo aquí. Lo pagaré en casa. Eso es lo que tenía que haber hecho desde el principio. Sí, me voy. Adiós.

1 currar: *fam.* trabajar
2 rendir: *aquí* relajarse, reponer fuerzas
3 la cicatriz: Narbe
4 la viga: Balken
5 destrozar: estropear, destruir
6 el toras: *fam.* el tórax (Brustkorb)
7 la gente de pelas: gente rica (la pela: *fam.* el dinero)
8 la alhaja: Juwel
9 la alcantarilla: Abwasserkanal, *hier* U-Bahn-Schacht

JOSÉ.—Bueno, mujer, adiós.

(Carmen sale a toda prisa. José termina su bocadillo. Saca una botellita de alcohol y da un trago. Mira hacia dentro del túnel. Enciende otro cigarro. Aparece Carmen histérica.)

CARMEN.—¡Está cerrado! ¡Están cerradas las puertas de la calle!

JOSÉ.—No jodas[1]...

CARMEN.—¡Y no hay nadie! ¡Nadie! ¡Ni una taquillera[2], ni un guardia, ni un solo empleado! ¡No hay nadie!

JOSÉ.—Tranquilízate. Vamos, tranquila, mujer. Tiene que pasar el último metro.

CARMEN.—*(Aterrada[3].)* ¿Y si no hay último metro? ¿Y si el último ha pasado ya?

JOSÉ.—Entonces no nos habrían dejado entrar.

CARMEN.—¿Y si se han equivocado? ¿Y si nos han dejado entrar por un error y no pasa ningún metro más?

JOSÉ.—*(Después de un momento.)* Bueno, por lo menos aquí no pasaremos frío.

CARMEN.—No digas eso ni en broma. ¡Dios mío, no puede ser! ¡Esto es una pesadilla! Por favor, vete tú a ver si encuentras a alguien. Vamos los dos.

JOSÉ.—Y si mientras pasa el metro qué.

CARMEN.—Vete tú, yo esperaré.

JOSÉ.—Ya, y si viene me quedo yo aquí solo.

CARMEN.—Les diré que te esperen. ¡Por favor! ¡Por favor, te lo suplico!

1 ¡no jodas!: *vulg.* mach keine Scherze! verarsch' mich nicht!
2 el/la taquillero/-a: Schalterbeamter/-in
3 aterrado/-a: asustado/-a

JOSÉ.—Eh, eh, vamos, tranquilízate, no nos han podido dejar aquí encerrados. Esperaremos unos minutos más, si no llega el tren iré a buscar a alguien.

CARMEN.—*(Medio llorando.)* No hay nadie. Yo he visto que no había nadie. *(Grita.)* ¡Oigan! ¡Oigan! ¡¿Hay alguien por aquí?! ¡¿Hay alguien?!

JOSÉ.—Cálmate, mujer. Como haya alguien, va a salir corriendo.

CARMEN.—¡No viene el metro! ¿No lo ves? ¡No queda ningún metro!

JOSÉ.—Está bien, voy a ver qué pasa.

CARMEN.—Voy contigo.

JOSÉ.—*(Le agarra la mano con naturalidad.)* Vamos.

CARMEN.—*(Soltándose con miedo y asco.)* Yo me quedo.

JOSÉ.—Sí, mejor espera aquí por si las moscas[1]… *(José va a salir. Carmen le sigue.)* ¿Qué haces?

CARMEN.—Que… mejor voy contigo.

JOSÉ.—Es mejor que te quedes por si llega. Se ha podido averiar en el túnel y… podría llegar retrasado.

CARMEN.—*(Duda.)* Bueno, pero no tardes, por favor.

JOSÉ.—*(Da un trago y le pasa la botella.)* Toma, da un trago, esto calma los nervios. Ahora vuelvo.

(Sale. Carmen se queda sola. Mira la botella pero no se decide a beber. Después saca un pañuelo de su bolso, limpia la botella con ahínco[2] *y bebe.)*

1 por si las moscas: *fam.* für alle Fälle
2 el ahínco: Eifer

CARMEN.—*(Hablando hacia dentro del túnel.)* ¿Hay alguien por ahí? ¡Por favor! ¿Puede oírme alguien? ¡Estoy aquí! ¡Estoy aquí!

(Entra José.)

JOSÉ.—Aquí no hay ni Dios.

CARMEN.—*(Llorando.)* Tengo que llegar a mi casa. Quiero llegar a mi casa...

JOSÉ.—No llores... Toma, bebe otro trago.

CARMEN.—No, yo no bebo. ¡Un teléfono! ¿No hay por aquí un teléfono?

JOSÉ.—*(Negando.)* Lo único que he visto es una máquina de chocolatinas. Toma, he sacado dos.

CARMEN.—Ese chocolate está rancio[1].

JOSÉ.—*(Con actitud cada vez más segura.)* Si vamos a pasar aquí la noche será mejor que cojamos calorías.

CARMEN.—No puede ser. No nos pueden dejar aquí encerrados toda la noche. Es imposible.

JOSÉ.—Cosas más raras he vivido yo.

(Le tira la chocolatina.)

CARMEN.—*(Intentando calmarse.)* ¿Qué hacemos?

JOSÉ.—De momento fumarnos un cigarro.

CARMEN.—No, yo no fumo. Yo quiero salir de aquí.

JOSÉ.—Espera, déjame pensar. *(Piensa.)* Lo único que se me ocurre es coger el túnel e intentar llegar hasta la otra estación. Es más importante que ésta y...

CARMEN.—¿Estás loco?

JOSÉ.—Es la única solución.

1 rancio/-a: *aquí* malo/-a

CARMEN.—No, los túneles están llenos de ratas así de grandes. Por la noche salen para vivir. Nos chocaríamos[1] con ellas. Nos morderían las piernas…

JOSÉ.—¡Eh, para el carro[2]! Las ratas cuando pasan los hombres se apartan[3].

CARMEN.—*(Señalando el túnel.)* Pero es que esa es su casa. ¿No te das cuenta?

JOSÉ.—No hay otro remedio. O darnos el paseo o dormir aquí.

CARMEN.—¡Vamos!

JOSÉ.—Vamos.

(Se acercan hacia la vía. Carmen mira hacia abajo con terror.)

CARMEN.—No puedo saltar. Está muy alto.

JOSÉ.—Salto yo y te cojo.

CARMEN.—Peso mucho.

JOSÉ.—*(En un alarde[4] de fuerza la levanta en brazos.)* Podría saltar hasta contigo encima.

CARMEN.—*(Pataleando[5].)* No, no. Suéltame.

JOSÉ.—¿Pero tú de qué vas? ¿Quieres salir de aquí o no?

CARMEN.—Sí.

JOSÉ.—Pues venga.

CARMEN.—¿Y los tacones[6]? Yo no puedo andar por ahí con estos tacones.

1 chocar con alg.: mit jdm. zusammenstoßen
2 ¡para el carro!: *fam.* mach mal halblang!
3 apartarse: *aquí* huir
4 el alarde: Prahlerei, Protzerei
5 patalear: strampeln
6 el tacón: Absatz

JOSÉ.—Quítatelos.

CARMEN.—¿Descalza[1]? Qué horror…! Me morderían[2] los pies…

JOSÉ.—Oye, ¿qué te pasa?

CARMEN.—*(Después de una pausa.)* Me da miedo. Pánico.

JOSÉ.—Está bien. Iré yo solo. A mí no me da miedo. Conozco bien las alcantarillas y la mierda. Tú espera aquí. Volveré a buscarte.

(Cuando va a saltar, Carmen le detiene.)

CARMEN.—Oye.

JOSÉ.—¿Qué quieres?

CARMEN.—¿Cómo te llamas?

JOSÉ.—José, ¿y tú?

CARMEN.—Carmen.

JOSÉ.—Hasta pronto, Carmen.

CARMEN.—*(Le agarra.)* José, ¿y si llegas a la otra estación y está también cerrada?

JOSÉ.—La siguiente estación es más importante. Tiene oficina, creo.

CARMEN.—¿Y si tampoco hay nadie?

JOSÉ.—No perdemos nada.

CARMEN.—Sí. Nos quedamos separados cada uno en una estación.

JOSÉ.—*(Después de una pausa.)* Escucha, Carmen, si no hay nadie allí, volveré para estar contigo.

CARMEN.—Eres muy… amable. Gracias.

1 descalzo/-a: sin zapatos
2 morder (o>ue): beißen

JOSÉ.—*(Dándole un cachete[1] cariñoso.)* Será un placer. ¡Hostias[2]!

CARMEN.—¿Qué pasa?

JOSÉ.—¡Soy un genio! ¡Un genio! Esto de llevar la casa encima tiene sus ventajas. Tengo una linternilla[3] en el macuto[4].

CARMEN.—¡Bien! Así llegarás antes.

(José abre el macuto y saca la linterna.)

JOSÉ.—Toma, quédate la botella y el tabaco. Si te pones nerviosa te fumas uno.

CARMEN.—Pero si nunca he fumado…

JOSÉ.—Tampoco te has quedado nunca encerrada en una estación de metro, ¿o sí? Tú aquí, tranquilita, sentadita, que te pones nerviosa un trago y unas caladas[5]. Que aparece alguien vais a rescatarme[6], ¿de acuerdo?

(José va a saltar.)

CARMEN.—José! *(José la mira.)* ¿Y si aparece gente en las dos estaciones y nos sacan a cada uno por una puerta?

JOSÉ.—¿Qué?

CARMEN.—No, nada, qué tontería…

JOSÉ.—Tontería, ¿el qué?

CARMEN.—*(Ruborizada.)* Que… que me quedaré con tu botella y tu tabaco.

1 el cachete: Klaps
2 ¡Hostias!: *vulg. etwa* Hammer!
3 la lintern(ill)a: Taschenlampe
4 el macuto: la mochila
5 la calada: *fam.* Zug (Zigarette)
6 rescatar: salvar

JOSÉ.—*(Sonríe.)* Disfrútalos. *(Va a saltar, pero se da la vuelta.)* Yo no tengo teléfono. ¿Me das el tuyo por si acaso?

CARMEN.—Sí.

(Saca una tarjeta de su bolso.)

JOSÉ.—*(Leyéndola.)* Joder, qué mujer más importante. Jefa de sección del departamento de Documentación bibliográfica del Ministerio de Cultura. ¿Qué es esto?

CARMEN.—Una oficina llena de papeles y corbatas.

JOSÉ.—En fin, señora, me voy.

CARMEN.—No tardes. *(En el momento que José salta se apagan las luces del andén.)* ¡Han apagado la luz! ¡Oigan! ¿Hay alguien? ¡Socorro! ¡Socorro! ¡Estamos aquí! ¡Estamos aquí!

JOSÉ.—*(Que ha vuelto a subir.)* No te esfuerces, estas luces funcionan automáticamente. Ven, siéntate en el banco y espérame. Tengo que llegar rápidamente.

CARMEN.—José, no te vayas. No me dejes aquí sola.

JOSÉ.—Pero…

CARMEN.—Dame la mano, por favor. Tengo miedo. Quédate aquí conmigo.

JOSÉ.—Pero aquí no va a venir nadie hasta mañana.

CARMEN.—No, no me sueltes por favor.

JOSÉ.—Eh, no tiembles[1] así. Vamos, no va a pasar nada. Estoy yo aquí contigo. Toma, fuma. *(José se sienta a su lado y le enciende un cigarro. Se enciende otro para él. Carmen fuma. José la alumbra con la linterna.)* ¿A que divierte el humo?

1 temblar (e>ie): zittern

CARMEN.—Yo ya no sé nada. No sé nada...

JOSÉ.—Pero deja ya de temblar, chica. *(La abraza.)* Si no te va a pasar nada. ¿No ves que estoy yo aquí?

CARMEN.—Eres... eres muy valiente.

JOSÉ.—Por cosas peores he pasado yo. Qué digo peores, si esto es como quedarse encerrado en un castillo con una princesa.

CARMEN.—Qué pensará mi marido cuando no aparezca esta noche...

JOSÉ.—¿También tienes marido? Joder, tienes de todo!

CARMEN.—Seguro que pensará que estoy por ahí con un amante...

JOSÉ.—¡¿También tienes amantes?!

CARMEN.—¡No! ¡Nunca! Nunca he tenido un amante. *(Pausa.)* Tampoco he dejado nunca de ir a dormir a casa. ¿Y tú tienes novia?

JOSÉ.—¡Qué dices! A un parado no le quiere nadie. Tuve una muy maja, así morenita como tú, pero cuando me quedé en la calle se lió con un gilipollas[1] con futuro.

CARMEN.—¿Con futuro?

JOSÉ.—Sí, estaba estudiando una carrera.

CARMEN.—Menudo[2] futuro.

JOSÉ.—Eso digo yo. Yo sé que el futuro no está en el puto dinero. Aunque todo el mundo diga lo contrario yo sé que el futuro no está en el dinero.

CARMEN.—¿Tú sabes dónde está?

JOSÉ.—Mira, Carmen, aunque suene raro... Yo pienso que el futuro... está en el amor, en que la gente se quiera.

1 el gilipollas: *vulg.* Arschloch
2 menudo/-a: *fam.* (*aquí iron.*) qué futuro, vaya futuro

CARMEN.—*(Hablando muy deprisa.)* Estoy de acuerdo contigo, José, totalmente de acuerdo. El dinero hace a los hombres cobardes, obsesivos, aburridos, gordos, gordos… gordos. ¡Ay, Dios mío, ya no sé lo que digo!

JOSÉ.—*(Riéndose.)* ¿Es gordo tu marido?

CARMEN.—Chist, calla. Es… es que me pones nerviosa.

JOSÉ.—¿Yo?

CARMEN.—Estás tan cerca… No, ni se te ocurra alejarte.

JOSÉ.—*(Acercándose más.)* Ni se me ocurre, princesa.

CARMEN.—¿Puedo verte el tatuaje?

JOSÉ.—Claro.

(Se desabrocha[1] la camisa. Carmen lo alumbra con la linterna.)

CARMEN.—Qué mariposa más bonita…

JOSÉ.—Pues si la tocas mueve las alas…

CARMEN.—*(Tocándola.)* Qué bonita, parece de verdad, con sus antenitas[2] y todo… y sus patitas… y sus ojitos… y su… ¡Abrázame!

JOSÉ.—*(Abrazándola.)* ¿Sigues teniendo frío?

CARMEN.—Qué pecho más fuerte… Qué brazos más fuertes… Ay, Dios mío…

JOSÉ.—*(Rodeándola[3] con fuerza.)* Y todo para ti.

CARMEN.—Apaga la linterna.

JOSÉ.—¿Ya no tienes miedo?

CARMEN.—¿Miedo, con esta muralla…? Apaga la linterna.

JOSÉ.—¿Y si llega el tren?

1 desabrocharse: aufknöpfen
2 la anten(it)a: Fühler(chen)
3 rodear: *aquí* abrazar

CARMEN.—Que pase. Que pase.

(José apaga la linterna. En el oscuro se oyen besos y susurros[1]...)

1. Presenta la situación en la que se encuentran Carmen y José.
2. Expón cómo la autora caracteriza a sus protagonistas.
3. Caracteriza a Carmen empleando citas del texto como referencia.
4. Confecciona un esquema que haga visible la estructura de esta obra y el desarrollo de la relación entre Carmen y José.
5. La obra se termina aquí. ¿Por qué piensas que es así? Explica tu respuesta.

1 el susurro: Flüstern, Murmeln

José Luis Alonso de Santos

Breve encuentro

Personajes
Él
Ella

Apartamento-habitación de un hombre solo, en el que reina[1] un gran desorden. Una cama, un sillón, una televisión, una mesa y sillas, un armario y una estantería. Al lado opuesto, una pequeña cocina con un mostrador, llena de cacharros[2] sucios. Unos cuadros absurdos y sin sentido adornan las paredes. La única ventana da a un callejón sin salida donde se ven altos edificios, y una línea de cielo por donde entra la primera luz de la mañana. En la cama un hombre y una mujer de mediana edad. Él fuma sentado en la cama. Ella, tumbada[3] a su lado. Él habla, de pronto, rompiendo el silencio.

ÉL.—*(Mirando al techo de la habitación.)* A un amigo mío le pilló[4] un camión.

ELLA.—¿Un camión? ¿Cuándo ha sido? ¿Está grave?

ÉL.—Se murió. Le pasó el camión por encima. Puede pasarnos a cualquiera. Vas andando tranquilamente por la

1 reinar: herrschen
2 el cacharro: Topf
3 tumbado/-a: acostado/-a
4 pillar: *aquí* atropellar

calle un día, y viene un camión enorme, se sube a la acera[1] y te lleva por delante. Yo lo vi desde la ventana de mi casa.

ELLA.—Sí, pasan cosas terribles...

ÉL.—No, si no me importa, fue hace mucho y casi ya ni me acuerdo. Fue en mi barrio, cuando éramos pequeños. Era amigo mío, y venía a traerme unos cromos[2], creo. Yo estaba malo y no podía salir. Entonces llegó el camión..., y le aplastó.

ELLA.—*(Se incorpora en la cama y le mira fijamente.)* Oye..., ¿tú estás tarado[3], o qué? Me traes a tu casa y me metes en tu cama para contarme esa jodida[4] historia de tu infancia...

(Se levanta de la cama y empieza buscar su ropa.)

La culpa la tengo yo, por irme a follar[5] con el primer borracho que me encuentro... ¿Has visto mis bragas[6]?

(Levanta las sábanas de la cama, recupera sus bragas y sigue vistiéndose.)

ÉL.—Sólo te he contado una cosa que me ha venido a la cabeza de pronto. Anoche parecía que estabas estupendamente conmigo...

ELLA.—Anoche estaba borracha. Ahora estoy jodidamente serena, y tengo resaca[7] además, y me duele la cabeza,

1 la acera: Bürgersteig
2 el cromo: *hier* Aufkleber
3 tarado/-a: tonto/-a, idiota, loco/-a
4 jodido/-a: *vulg.* verdammt
5 follar: *vulg.* tener sexo
6 las bragas: Slip
7 tener resaca: *loc.* einen Kater haben

y no quiero que me cuenten gilipolleces[1] de camiones que aplastan a niños en la calle al levantarme por la mañana. Bastante tengo yo ya con lo que tengo.

ÉL.—Pues por eso te he dicho lo del camión. Como anoche todo el tiempo decías que la vida era una mierda, es una prueba de que tenías razón. Vas tan tranquilo y te pasa un camión por encima, como a mi amigo…

ELLA.—No me lo irás a contar otra vez…, porque ésta es una conversación de mierda para tenerla a estas horas. Te has pasado la noche soñando en voz alta, sin dejarme dormir, hablando de túneles y de arañas gigantes que te comían. ¿Siempre tienes pesadillas por la noche?

ÉL.—Sólo si bebo. Me encontraba fatal. No me sienta[2] bien la bebida… He estado toda la noche a punto de vomitar. Debe de ser del hígado[3].

ELLA.—A nadie le sienta bien, y no nos ponemos a pegar gritos en mitad de la noche, ni a decir «¡que vienen las arañas!». Y ahora te pones a contarme la jodida historia esa del camión. Pues sí que eres alegre tú…

ÉL.—Oye, te pones la ropa, y te vas a la puñetera[4] calle, así no tienes que escuchar mis historias, si no te gustan.

ELLA.—Me pondré la ropa cuando la encuentre. Como lo tienes todo así de desordenado, no hay quien encuentre nada…

ÉL.—Esto tiene gracia también, que vengan a quejarse de cómo tienes tu casa. A ti qué huevos te importa[5] cómo tengo yo mi casa…, digo yo.

1 la gillipollez: *vulg.* la tontería
2 sentar (e>ie) bien a alg.: *hier* jdm. gut bekommen
3 el hígado: Leber
4 puñetero/-a: *vulg.* verdammte/r, Scheiß…
5 qué huevos te importa: *vulg.* was zum Teufel geht es dich an

ELLA.—*(Vistiéndose.)* Qué amable y educado. No te pareces en nada al de anoche... Se ve que sólo estás bien si has bebido, si no, no hay quien te aguante, guapo. El lavabo está ahí..., ¿no?

(Entra en el lavabo, deja la puerta abierta y sigue hablando. Oímos el ruido del grifo y de la cisterna[1].)

¿Sabes por qué me he venido contigo esta noche? Porque no tenía dónde ir. Si no, no me hubiera metido en la cama con el primero que me encuentro. No soy una cualquiera.

ÉL.—*(En voz alta, para que Ella le oiga desde el lavabo.)* Oye, a mí no tienes que darme explicaciones, ni meterme rollos, ni chorradas[2] de si eres una cualquiera o no eres una cualquiera...

ELLA.—*(Desde el lavabo.)* Ah, para ti son chorradas... ¿Y lo del camión de tu amigo no son chorradas?

(Sale del lavabo, terminando de ponerse la ropa.)

Voy a volverme loca, necesito beber algo... ¿Tienes algo de beber?

ÉL.—Si quieres un café... Aquí no tengo nada...

ELLA.—Pues dame un puñetero café. Si no tienes otra cosa...

(Él se pone a hacer el café. Ella se sienta en una silla y se pone a llorar.)

ÉL.—¿Qué te pasa?

1 la cisterna: Toilettenspülung
2 la chorrada: *fam.* la tontería

ELLA.—*(Agresiva.)* Tengo ganas de llorar, ¿pasa algo? A ver si no va a poder una ya ni llorar cuando le dé la gana.

ÉL.—No me gusta que la gente venga a llorar a mi casa. Lloras en tu casa lo que te dé la gana, pero aquí no.

ELLA.—¿Pero tú eres imbécil, tío? Anoche me vine contigo porque cuando te acercaste en el bar y me invitaste a una copa eras amable y simpático conmigo, y ahora te pones así, sin razón. No me gusta la gente que trata mal a los demás. Somos personas, no animales. Todos necesitamos un poco de cariño, y que nos comprendan, y que nos dejen llorar si queremos llorar. ¿Es que ya no queda ni un poco de humanidad en este mundo?

(Sigue hablando de forma compulsiva[1]*, y Él la mira sin moverse, paralizado con la cafetera en la mano.)*

Yo he tenido muchos problemas en la vida, ¿sabes? Me han pasado cosas horribles que no te puedes ni imaginar, y he tenido que aguantar lo que no se sabe, y eso no es justo, digo yo. Las cosas siempre quieres que sean de una forma y acaban siendo de la contraria, para que salgan mal y nos jodan bien[2]. Lo menos que podemos pedir en esta vida es que no nos traten como basura. ¿Qué es lo que pasa? ¿Es que no puede una vivir tranquilamente, en paz?

ÉL.—Y a mí qué me cuentas… ¿Soy tu padre yo acaso? No te jode[3], el rollo que me ha metido…

1 de forma compulsiva: *etwa* zwanghaft
2 para que nos jodan bien: *vulg. etwa* und so versauen sie uns das Leben
3 no te jode: *vulg. etwa* so ein Dreck

ELLA.—¿Qué pasa? ¿Es que no puede una ya ni hablar? No puedo llorar…, no puedo hablar…, me vas a tener que dar una lista de las cosas que no puedo hacer, tío. Pareces la policía.

ÉL.—Puedes hacer lo que te dé la gana, pero en tu casa, no en la mía. ¿Te echo más café?

ELLA.—Te he dicho que no tengo casa. Sí, échame más maldito café. La taza entera.

ÉL.—Yo no te cuento mi vida, ¿no? Pues joder[1], no me cuentes tú la tuya. No podemos ir por la calle contándole nuestra vida a los demás, quieran o no quieran oírla. Si quieres empiezo yo desde el principio la mía, para que te enteres: «Yo era pequeñito y no me querían, y mi padre me pegaba[2]…». ¿Quieres azúcar?

ELLA.—¡No, no quiero tu puñetero azúcar!

(Pausa. Toman el café un tiempo sin hablar.)

ÉL.—¿Y dónde vives? Porque en algún sitio vivirás, digo yo. ¿O duermes en la calle…?

ELLA.—Vivo en casa de mi hermana, pero no quiero vivir allí. Mi hermana no es mala persona, pero no la aguanto[3], ni ella a mí. De vivir juntas hemos ido odiándonos. Y a mí me gusta beber, lo reconozco. No soy una de esas personas que se mienten a sí mismas. Y ella me martiriza[4] con eso. Por eso no quiero seguir viviendo con ella.

ÉL.—¿Y dónde quieres vivir?

1 joder: *vulg.* Scheiße
2 pegar: golpear
3 aguantar a alg.: soportar a alg.
4 martirizar a alg.: fastidiar a alg.

ELLA.—*(Pausa. Ella le mira un momento fijamente.)* Aquí, contigo.

ÉL.—¿Aquí conmigo? Tú, desde luego, estás mal de la cabeza. Era lo que me faltaba a mí ya. ¿Pero cómo vas a vivir aquí conmigo? No me conoces de nada, no sabes ni cómo me llamo. ¿Cómo me llamo? A ver.

ELLA.—El nombre es lo de menos. Tú tampoco sabes cómo me llamo yo.

ÉL.—Eva.

ELLA.—Ya, y tú Adán. Y esto es el Paraíso.

ÉL.—¿Y eso a qué viene ahora? No comprendo tu forma de hablar, te lo juro. Tú me dijiste que te llamabas Eva.

ELLA.—Era por decir algo. No voy a decirle mi nombre al primer desconocido que se acerque.

ÉL.—¿Ah, sí? ¿Te podías acostar conmigo, pero no podías decirme tu nombre?

ELLA.—Sí. ¿Pasa algo?

ÉL.—¿Y si yo llego a ser un asesino, como los del cine, y te estrangulo esta noche mientras estás durmiendo, qué?

ELLA.—Tú no tienes cara de estrangular a nadie.

ÉL.—¿Y cómo son las caras de los que estrangulan? Pues me he cargado[1] a más de una, para que lo sepas.

ELLA.—Ya. También te podía haber hecho algo malo yo a ti..., pero si no confiamos en nadie, no sé qué va a pasar.

ÉL.—¿Y cómo te llamas? ¿Cómo te llamas de verdad?

ELLA.—Ana.

1 cargarse a alg.: *etwa* jdn. kaputt machen

ÉL.—Ana... Eva... Son parecidos. Cortos los dos. Yo, Diego. Te lo dije anoche, pero no te acordarás... Con la curda[1] que llevabas...

ELLA.—No tienes cara de llamarte Diego... Bueno, entonces..., ¿me quedo aquí contigo, Diego?

ÉL.—La última mujer que vivió conmigo me dijo un día «me voy», cogió sus cosas y se fue. Estaba sentada ahí, donde estás tú... Ahora vienes tú y dices «me quedo»... ¿Yo qué soy? ¿Una silla, para sentarse y levantarse?

ELLA.—Ayer hablamos muchas horas, y me gustó lo que contabas de tu trabajo y de tu vida. Me dijiste que te sentías un topo[2] conduciendo los metros, y que cantabas canciones en la oscuridad para no sentirte solo. Te pregunté que de qué eran las canciones, y me dijiste que de amor. Me gustaba imaginarte por los túneles del metro cantando canciones amor...

ÉL.—Ésas son las tonterías que se dicen por la noche cuando uno toma una copa. Me sentía solo..., te vi allí..., las cosas que pasan.

ELLA.—Yo también me siento sola muchas veces...

ÉL.—Sí, pero tampoco tienes que ir repitiendo por ahí lo que te dije, ni lo que me pasa... Cuando tomas una copa siempre habla uno de más...

ELLA.—¿Por qué me trajiste aquí anoche, contigo?

ÉL.—Y yo qué sé. Ya te lo he dicho, había bebido, y estaba harto de estar solo. Tenía ganas de compañía...

ELLA.—Sí, pero allí había más mujeres. ¿Por qué te acercaste a mí?

1 la curda: Schwips
2 el topo: Maulwurf

ÉL.—¿Quieres que te diga la verdad? Por tus tetas[1]. Sí, por tus tetas. Soy conductor de metro, te lo dije. Me paso el día con las manos agarrotadas en los mandos de hierro[2]. Me duelen hasta los dedos. Pensé que me gustaría poner mis manos en tus pechos... redondos y grandes.

ELLA.—¿Te fuiste conmigo para poner tus manos en mis tetas? ¿Y te gustó? Después, que sí te gustó... Te dormiste pronto.

ÉL.—Sí, me gustó. Hacía muchos días que no dormía... Pero sí, me gustó.

ELLA.—También me gustó a mí cuando tú me acariciabas[3]. Hacía mucho tiempo que no estaba con un hombre, y fue muy agradable... Lo pasé muy bien contigo.

ÉL.—Yo también lo pasé muy bien..., pero eso no quiere decir que te tengas que quedar a vivir aquí.

(Él ha ido con su taza de café en las manos hasta la ventana. Fuera cae la lluvia.)

Está lloviendo... Anoche, cuando te abrazaba, con los cuerpos pegados, juntos, tan unidos... Y hoy, discutiendo aquí contigo como si nos conociéramos de siempre... Hay momentos en que me da la impresión de llevar la vida entera contigo..., y eso que te acabo de conocer..., pienso que este momento tiene sentido, y lo demás no. Pero otras veces te miro y sé que no te conozco, ni te conoceré nunca.

(Pausa. Se separa de la ventana.)

Hay algo que no te he dicho: estoy enfermo.

1 la teta: *fam.* el pecho
2 con las manos agarrotadas en los mandos de hierro: *etwa* mit den an den Steuerhebeln festgeklammerten Händen
3 acariciar: streicheln

ELLA.—¿Estás enfermo? No tendrás el Sida[1], o algo así...

ÉL.—No, no... No me encuentro bien de aquí... *(Se toca la cabeza.)*

ELLA.—¿Estás loco?

ÉL.—¡No, joder... no estoy loco! Pero me encuentro mal. Tengo depresiones. Tengo que tomar una medicación...

ELLA.—Yo también tengo depresiones. Todo el mundo tiene depresiones. Cómo no vamos a tener depresiones en un mundo como éste. Nadie quiere a nadie.

ÉL.—No es eso, pero déjalo. Es lo mismo.

(Ella se acerca a Él.)

ELLA.—¿Ya no te apetece tocar mis tetas?

ÉL.—Sí, pero si te toco, te vas a querer quedar, y no quiero que te quedes. No es por ti, de verdad, es que no aguanto a nadie. Bastante tengo con aguantarme a mí mismo.

ELLA.—Podíamos intentarlo..., unos días... Si luego no funciona...

ÉL.—No puede funcionar, y luego sería peor. Las personas como tú y como yo no queremos amor, ni nada de eso. Sólo necesitamos alguien al lado para que nos cuide, y nos quite la soledad. Una botella hace el mismo efecto, y cuando se termina se tira a la papelera.

ELLA.—Más o menos como yo...

ÉL.—No quiero más problemas en mi vida. Si quieres te doy algo de dinero, para el taxi, o para un hotel unos días, si no quieres ir a casa de tu hermana...

ELLA.—¿Ahora me vas a pagar, como a una puta? Soy una mierda, y una borracha..., me tiran a la papelera

1 el Sida: Aids

cuando terminan conmigo, como tú…, pero regalo que me toquen y que me besen. Mis tetas son gratis, fíjate. ¿Sabes la diferencia entre tú y yo? Yo estoy viva. Llena de jodidos problemas, amargada[1], bebiendo, perdida, sin tener dónde ir…, pero viva. Tú estás muerto. Muerto y enterrado. No se notará nada cuando te mueras de verdad. Pensarás y sentirás lo mismo que ahora: nada de nada.

ÉL.—No te has quedado y ya me estás echando broncas[2], así que imagínate si te quedas.

ELLA.—Pues nada, yo me voy. Quédate aquí solo, en tu cueva[3]. Que sigas con tus canciones de amor, y tus pesadillas. Los topos no saben lo que se pierden, porque sólo entienden de lo que hay debajo de la tierra. El cielo no es para ellos.

(Recoge sus últimas cosas y *va hacia la puerta. Él no se mueve.)*

Quizá algún día nos volvamos a ver. ¿Trabajabas en la línea circular, me dijiste, no? Cada vez que monte en ella me acordaré de ti. Estaré atenta a ver si entre el ruido de las vías escucho tus canciones.

ÉL.—Lo siento…, así son las cosas. Yo también me acordaré de ti.

(Ella le mira un momento, sonríe con tristeza, abre la puerta y *sale. Él levanta los ojos* y *se queda perdido, mirando al infinito.)*

OSCURO.

1 amargado/-a: verbittert
2 echarle una bronca a alg.: *fam.* jdn. anschnauzen
3 la cueva: Höhle

1. Apunta lo que llegas a saber sobre Él y Ella.
2. Analiza cómo Alonso de Santos presenta a Él y a Ella.
3. Explica por qué los personajes no tienen nombres en esta obra.
4. Discutid en clase: ¿cómo os explicáis el comportamiento de los protagonistas?
5. Examina qué imagen de la sociedad y de las relaciones modernas se transmite a través de esta obra.

Carmen Resino

Ultimar[1] detalles

Personajes
Lunarcitos
Señor Rueda

Una vieja corista[2] pone en tela de juicio[3] los principios de un caballero ortodoxo que, como condición para casarse, le exige una nueva conducta[4].

Interior. Cuarto de estar de un piso modesto.
En imagen Lunarcitos, mujer madura, un poco ridícula y como pasada de moda. Fondona[5].
Va de un lado a otro, nerviosa, arreglándolo todo: coloca unas sillas, cambia unos ceniceros... El aspecto de la habitación parece preocuparle mucho. Fuma.
Se oirá una música revisteril[6] estilo Celia Gámez, como esa que dice: «Si me quieres mirar, ¡mírame!», que Lunarcitos seguirá alegremente mientras se afana en sus trajines[7].

LUNARCITOS.—No puedo negar que estoy nerviosa. Bueno, es para estarlo, digo yo. A una no le piden casarse todos los días. Ni todos los días ni nunca. Ningún hombre me pidió que me casara con él. Otras cosas, otras cosas, sí, ¡pero casarme...! Mira por dónde a

1 ultimar: vollenden
2 la corista: Revuetänzerin
3 poner en tela de juicio: poner en duda
4 la conducta: el comportamiento
5 fondón/fondona: schwerfällig
6 la música revisteril: Unterhaltungsmusik
7 afanarse en sus trajines: *etwa* geschäftig herumwirbeln

la vejez... *(Ríe.)* ¡Qué absurdo! ¡Con lo bien que estaba yo hace unos años, y, ahora, precisamente ahora...! Y si el Sr. Rueda fuera un jubilado ramplón[1], con achaques[2], la cosa no tendría tanta importancia pero, mira por dónde, ¡una buena boda!: viudo, rico, sin hijos, con muy buenas relaciones, muy buena casa, ¡hasta cocinera!, ¡magnífico coche...! ¡Yo creo que está algo loco! Además, no es ninguna facha[3]. Otoñal[4], ¡claro! No iba a tener encima treinta años, pero con buen porte, con distinción. En una palabra: la lotería. Llega siempre, más pronto o más tarde. Y por si fuera poco, me dice que me da unos días para pensarlo, como si hiciera falta.

(Sonríe satisfecha. Busca en la radio música. Ésta se oye en tono menor.)

Desde luego, me ha venido Dios a ver: ya no sirvo para la escena. Son muchos años ya, muchos kilos para esas agotadoras funciones[5] diarias, para ese: «¡un, dos, un, dos, alce[6] más la pierna! ¡A ver cuándo se jubila[7], Lunarcitos, que hay que moverse más...!». ¡Pues claro que voy a jubilarme! Y van a morirse de envidia esas tipas idiotas que se creen reinas por estar como espárragos[8] y ese tonto que me mete en las filas de atrás haciendo bulto[9]...

1 ramplón/ramplona: grob, derb
2 el achaque: (körperliche) Beschwerde
3 una facha: feo/-a
4 otoñal: → el otoño, *aquí* algo viejo/-a
5 la función: acto de representar a/c en la escena
6 alzar: levantar
7 jubilarse: retirarse del trabajo por ser viejo/-a y obtener una renta
8 estar como espárragos: estar muy delgado/-a
9 hacer bulto: *aquí* ocupar un papel secundario en la escena/ el escenario

(Fuma. Vuelve a sonreír satisfecha. Se sirve una copa y se la bebe de un trago. Se oye el timbre de la puerta. Lunarcitos se coloca bien la falda, se retoca el pelo, se perfuma la boca con un spray y va a abrir. Lunarcitos abre la puerta y entra el Señor Rueda. Tiene un aspecto impecable[1]*. Lleva sombrero y bastón*[2]*. Se los da a Lunarcitos junto con el abrigo que, después de quitárselo, ha doblado muy cuidadosamente. El Señor Rueda pasa al cuarto de estar. Lunarcitos le ofrece una silla en la que se sienta muy estirado*[3] *mientras observa escrutador alrededor. Lunarcitos, después de dejar las cosas del Señor Rueda, se sienta a su lado muy modosa*[4]*. Hay un silencio. Lunarcitos se retoca el pelo con coquetería ridícula. Se estira la falda. Sonríe. Él carraspea*[5]*.)*

LUNARCITOS.—Buen tiempo, ¿verdad...?

SEÑOR RUEDA.—Sí, sí... pero si mal no recuerdo, no estamos aquí para hablar de eso.

LUNARCITOS.—Es cierto... tú dirás...

(Lunarcitos juega a hacerse la vergonzosa: le mira sonriente como una niña ingenua. Él se engola[6]*: parece que va a hablarle de negocios.)*

SEÑOR RUEDA.—¿Pensó usted bien mi proposición?

LUNARCITOS.—¡Por Dios, señor Rueda! No tenía que pensarla. Y no me llame de usted... ¡a estas alturas[7]...!

1 impecable: perfecto/-a, irreprochable
2 el bastón: Spazierstock
3 estirado/-a: muy recto/-a / muy rígido/-a
4 modoso/-a: decente, honrado/-a
5 carraspear: sich räuspern
6 engolarse: *etwa* sich aufplustern
7 a estas alturas: zu diesem Zeitpunkt

SEÑOR RUEDA.—Que me guste usted no es condición para faltarle al respeto...

LUNARCITOS.—*(Confusa.)* En realidad... no había pensado... tiene usted toda la razón... pero si me lo permite, preferiría tutearle... se me hace más fácil esta situación... Comprenda, la costumbre...

SEÑOR RUEDA.—*(Con gravedad.)* Hablar ahora precisamente de sus costumbres, no me parece lo más indicado. Pero dejemos eso: siempre me gustó ir al grano[1], al fondo de la cuestión. De no haber sido así, no sería rico...

(Lunarcitos pone gesto de admiración. Le quita una mota de polvo de la chaqueta. Él se engola más. Ella le sonríe embelesada[2].)

Por lo que veo, usted me dice que sí... *(Ella afirma.)* Bien, entonces, sólo queda ultimar detalles...

LUNARCITOS.—*(Desconcertada.)* ¿Detalles?

SEÑOR RUEDA.—¡Naturalmente que detalles! No vamos a casarnos así, pollas buenas, diciendo sólo que nos queremos mucho. Hay que tocar algunos puntos, algunas circunstancias más o menos delicadas. Complicar esto tan sencillo aparentemente, pero que no lo es en absoluto.

LUNARCITOS.—*(Desinflada[3].)* Tú dirás...

1 ir al grano: *loc.* hablar directamente del asunto sin darle muchas vueltas

2 embelesado/-a: entusiasmado/-a, encantado/-a

3 desinflado/-a: desengañado/-a, desilusionado/-a

SEÑOR RUEDA.—*(Se pone en pie. Pasea. Carraspea un poco. Con autoridad.)* Punto primero: ante todo, la vida artística, si es que levantar la pierna tiene algún arte, debe descartarse[1].

LUNARCITOS.—*(Contentísima.)* ¡Por supuesto! No sabe el favor que me hace... *(Se levanta nerviosa.)* ¿Una copita? ¿Un cigarrito?

SEÑOR RUEDA.—No me interrumpa y no cambie de conversación. Siéntese.

(Lunarcitos se sienta sumisa.)

Reconozca: ya no tiene edad para esos saltitos ridículos.

(Lunarcitos se pone en pie entusiasmada. Casi le falta aplaudir.)

LUNARCITOS.—¿Verdad que lo son? ¡Un, dos, un, dos! *(Levanta la pierna en un can-can algo patético.)*

SEÑOR RUEDA.—¡Siéntese!

(Lunarcitos vuelve a sentarse mansamente[2].)

Continúo: desde ahora, tendrá que ser una señora. ¿Se hace idea de lo que es eso?

(Lunarcitos afirma.)

Sigo: voy al punto tercero, que en realidad está incluido en el primero: nada de frecuentar antiguas amistades. El teatro y ese mundillo fétido[3], como si nunca hubieran existido.

LUNARCITOS.—*(Con alegría mal disimulada.)* ¡Como si nunca hubieran existido!

1 descartarse: *aquí* terminarse
2 manso/-a: *aquí* obediente, sumiso/-a (mansamente *adv.*)
3 fétido/-a: maloliente, pestilente

SEÑOR RUEDA.—Solamente mis amigos serán desde hoy sus amigos: gente importante y respetable.

(Rotunda[1] afirmación por parte de Lunarcitos.)

Sobre todo respetable. Nada de salidas nocturnas: excepto conmigo, se entiende, y como yo no salgo nunca… Usted decidirá si está o no dispuesta a aburrirse.

LUNARCITOS.—Le… le aseguro que no me aburriré en absoluto. Pe… pero ¿de verdad que no quiere una copita… ni un café?

SEÑOR RUEDA.—No me interrumpa, por favor… se me van las ideas y esto de hoy no es una chiquillada[2].

LUNARCITOS.—Desde luego que no.

SEÑOR RUEDA.—Bien, ahora vayamos al segundo punto que en realidad es el cuarto del primero. *(Se acerca a Lunarcitos. La mira fijamente. Como si esto no fuera bastante, se pone las gafas y le coge la cara.)* Usted se pinta en exceso. Desde ahora, no puede pintarse así… *(Siguiendo con el dedo la línea de los labios.)* El perfilador[3] la hace enormemente exagerada.

LUNARCITOS.—*(Disculpándose.)* Tienes razón, pero en la escena…

SEÑOR RUEDA.—*(Rotundo.)* Convinimos[4] en olvidar la escena.

LUNARCITOS.—*(Con ensoñación[5].)* No deseo otra cosa.

(El Señor Rueda se echa hacia atrás y observa a Lunarcitos de arriba abajo.)

1 rotundo/-a: categórico/-a
2 la chiquillada: Kinderei
3 el perfilador: *aquí* el lápiz de labios
4 convenir (e>ie,i) en a/c con alg.: llegar a un acuerdo
5 con ensoñación: soñador/a

SEÑOR RUEDA.—A ver: vuélvase... gire, gire... *(Lunarcitos lo hace extrañada.)* Nada, nada en absoluto. No me gusta su forma de arreglarse, ni de peinarse, ni de moverse. A ver... ¡ande, ande...! *(Lunarcitos pasea ante él con gesto entre desconcertado y meloso[1]. Él niega con la cabeza y con fastidio[2].)* Fatal. Totalmente. Ahora diga: buenas tardes, señor Rueda.

LUNARCITOS.— ¿Para qué?

SEÑOR RUEDA.—Déjese de preguntas inútiles. No me sobra el tiempo. Repita lo que le he dicho.

LUNARCITOS.—*(Intimidada[3].)* Buenas tardes, señor Rueda.

SEÑOR RUEDA.—¿Qué quiere que le diga? Tampoco me gusta su forma de hablar. *(Imitándola.)* Buenas tardes, señor Rueda... ¿Por qué tiene esa pronunciación tan horrible? Antes de casarnos, tendrá que haber variado todo esto. Le doy un mes, como máximo, para conseguirlo.

LUNARCITOS.—No se preocupe: quedará totalmente satisfecho.

(Breve silencio. El Señor Rueda pasea intranquilo dándole a otro asunto.)

SEÑOR RUEDA.—...También está, naturalmente, el asunto religioso... Usted, me imagino, no practica. ¿Me equivoco?

LUNARCITOS.—*(Medrosa[4].)* No... no se equivoca...

SEÑOR RUEDA.—Desde ahora tendrá que hacerlo.

1 meloso/-a: agradable, dulce
2 con fastidio: ärgerlich
3 intimidado/-a: eingeschüchtert
4 medroso/-a: enojado/-a

LUNARCITOS.—¡Si no me importa! No pienses que soy una descreída. Una lo va dejando por pereza[1]... pero...

SEÑOR RUEDA.—*(Cortándola violentamente.)* Sus sentimientos sobre el particular no me importan. Usted sólo tiene que considerar que se casa con un hombre de cierta importancia y que tiene que guardar las apariencias. Que usted sea más o menos sincera, no me importa gran cosa. Lo entiende, ¿no?

LUNARCITOS.—¡Naturalmente! ¿Un cigarrillo, ahora?

SEÑOR RUEDA.—No. He dejado radicalmente de fumar. Algo que, por supuesto, también dejará usted: no quiero vivir en un ambiente contaminado... Nada de tabaco, de bebidas, de café. Usted, tampoco. No voy a estar conviviendo en plena tentación[2]. También sería injusto por su parte.

(Lunarcitos afirma con cierta tristeza. Aplasta contra el cenicero el cigarrillo que acababa de encender.)

Comprenda, a mi edad, si uno se cuida...

LUNARCITOS.—Es cierto. Si uno se cuida, pues... Verdaderamente es lástima que se muera uno igual, ¿verdad?

SEÑOR RUEDA.—Sí, una completa lástima. *(El Señor Rueda sigue paseando por la habitación. Lunarcitos le observa.)* Bien, bien... claro, después de todo esto, se preguntará por qué me pienso casar con usted si no me gustan tantas cosas suyas, si quiero que cambie casi en su totalidad. *(Se para solemne.)* Reconozco que me he prendado[3] de usted.

1 la pereza: Trägheit, Faulheit
2 la tentación: Versuchung
3 prendarse de alg.: *lit.* enamorarse de alg.

(Lunarcitos hace intención de ir hacia él entusiasmada.)

No, no me diga nada: bastante lo siento yo. Pero como no estoy hecho para la renunciación[1] ni para el sufrimiento, antes de apretarme el cinturón[2] respecto a usted, prefiero que sea usted quien lo haga respecto a mí. ¿Entendido?

(Lunarcitos afirma.)

Es sumamente fácil: Además, será usted la más favorecida... Claro que todavía queda otro asunto. Desde luego, el más espinoso[3].

(El Señor Rueda se sienta. Tamborilea[4] nervioso sobre la mesa. Lunarcitos le mira preocupada.)

... No es que lo anterior carezca de importancia, pero esta condición que voy a imponerle es la más fundamental y está fuera de toda discusión... Usted, si mal no recuerdo, tiene un hijo natural. No me lo niegue ahora. Usted misma me lo dijo...

LUNARCITOS.—*(Con infantil alegría.)* Sí, sí, Pablito... Un muchacho encantador...

SEÑOR RUEDA.—No me interesa que sea o no encantador.

LUNARCITOS.—¡Y guapo! Casi tan guapo como su padre.

SEÑOR RUEDA.—No me parece decente que hable usted de su padre en estos momentos.

LUNARCITOS.—*(Con ingenuidad.)* ¿Por qué no? Es, al fin y al cabo, el padre de Pablito: un honorable funcionario. Una bellísima persona.

1 la renunciación: Entsagung
2 apretarse (e>ie) el cinturón: *loc.* limitarse en a/c
3 espinoso/-a: *loc.* haarig, heikel
4 tamborilear: (*loc.* mit den Fingern) trommeln

SEÑOR RUEDA.—Por muy honesto y bella persona que sea.

LUNARCITOS.—*(En su idea.)* Pero el chico también se parece a mí... sobre todo, cuando sonríe. Y es inteligente, muy inteligente.

SEÑOR RUEDA.—Bueno, las virtudes de su hijo no me interesan. Y, desde ahora, y esto es lo que quería decirle, tampoco pueden interesarle a usted. Yo no tengo inconveniente en correr con todos los gastos de su educación, pero nada de contactos, de visitas, de encuentros furtivos. En una palabra: usted no tiene hijo. No le faltará de nada, pero no tiene hijo. Puede comprender que no voy a aceptar a estas alturas un hijo de otro y no legal además, cuando no los he tenido propios ni espero tenerlos ya. Tiene que comprenderlo.

LUNARCITOS.—*(Con tristeza.)* Naturalmente que lo comprendo.

(El Señor Rueda se acerca a Lunarcitos insinuante[1].)

SEÑOR RUEDA.—Entonces después de todo lo expuesto, aclarados todos los puntos, creo que ya podemos considerarnos prometidos... Ana, Anita, ¿no estás contenta? Guapita mía, di que lo estás... Lunarcitos, nenita mía... te llamaré Lunarcitos por última vez...

(La abraza y besuquea[2]. Ella le separa suavemente.)

LUNARCITOS.—Ya no me trata de usted...

(El Señor Rueda intenta besarla nuevamente.)

SEÑOR RUEDA.—Lunarcitos, guapa, tú dirás cuándo nos casamos... pon tú la fecha, bonita...

1 insinuante: schmeichlerisch
2 besuquear a alg.: dar muchos besos a alg.

LUNARCITOS.—Me parece que será muy lejana...

SEÑOR RUEDA.—*(Poniéndose en pie.)* Pero ¿qué dices? Con un mes o menos corregirás todas esas imperfecciones, que en el fondo son las que me traen loco...

(Vuelve a intentar besarla. Ella le rechaza con suavidad.)

LUNARCITOS.—Hay una que es imposible corregirla en un mes. Usted ya sabe por dónde voy.

SEÑOR RUEDA.—*(Mimoso[1].)* No me trates de usted... anda, ven, dame un besito...

LUNARCITOS.—No puede ser. De veras. Pablito se moriría.

SEÑOR RUEDA.—No hay que dramatizar.

LUNARCITOS.—A usted sin mí, no le pasará nada.

SEÑOR RUEDA.—*(Tras ella.)* Por Dios, Lunarcitos, volvamos a la razón... No te enfades, tontina.

LUNARCITOS.—No, si no me enfado: simplemente, no me caso con usted.

SEÑOR RUEDA.—¿Por qué? Lo mismo te parezco un mal partido.

LUNARCITOS.—No, todo lo contrario, pero mi niño se moriría sin mí. A usted, no le pasará nada.

SEÑOR RUEDA.—No pretenderá que meta en casa al hijo de un querido suyo.

LUNARCITOS.—Entonces comprenda que será mejor no tomar por esposa a la querida del padre de mi hijo. Con Dios, señor Rueda.

SEÑOR RUEDA.—No irá encima a echarme a la calle.

1 mimoso/-a: cariñoso/-a, suave

LUNARCITOS.—Nada de eso. ¿Quiere ahora una copita? A los dos nos hará bien. *(Va hacia un aparador. Coge una botella* y *dos copas. Sirve.)* Ande, beba, un día es un día.

(Se sientan. Beben los dos.)

SEÑOR RUEDA.—De veras que lamento todo esto. No pensé que fuera a tomarlo a mal…

LUNARCITOS.—No lo tomo: usted ha propuesto sus condiciones y no hemos llegado a un acuerdo. Eso ha sido todo.

SEÑOR RUEDA.—De veras que lo siento: ¡es usted tan simpática! Y tiene una vocecita tan agradable a pesar del acento…

LUNARCITOS.—¿Es tan horrible de veras?

SEÑOR RUEDA.—Para no ir a ser mi mujer, no está del todo mal…

(Ríen los dos.)

LUNARCITOS.—¿Le sirvo un poquito más? *(Vuelve a llenar las copas.)*

SEÑOR RUEDA.—Bueno, ya que no nos casamos… Verdaderamente he venido a complicar las cosas. Si no se me hubiera ocurrido esto del casorio[1]… Pero comprenda: un hombre a mi edad tiene que casarse. Es lo malo. O lo bueno, que nunca se sabe. *(Poniéndose en pie* y *bebiéndose de un trago el vino que le queda.)* Estaba muy bueno el vino. ¡En fin! Muchas gracias. Siento que no haya podido ser: cuestión de principios.

1 el casorio: *fam.* Hochzeitstrara, Brimborium um die Hochzeit

LUNARCITOS.—Exacto: cuestión de principios. Cada cual, los nuestros[1]. ¡Qué se le va a hacer! Tengo que confesarle que me hubiera costado mucho dejar de fumar.

(Lunarcitos ayuda al Señor Rueda a ponerse el abrigo y, después de darle el sombrero y el bastón, se dirigirán hacia la puerta de la calle.)

SEÑOR RUEDA.—*(Ya en la puerta.)* Adiós, Lunarcitos. Nos veremos algún día. Que usted lo pase bien.

(Se dan la mano con cierta tristeza.)

LUNARCITOS.—Igual, señor Rueda.

(El Señor Rueda se va. Lunarcitos cierra la puerta lentamente y vuelve pensativa al cuarto de estar. Enciende un cigarrillo. Echándose a reír después de un momento.)

➻ *p. 50, tareas 1–5*

Desde luego es necesario estar completamente loca. ¡Tirar por la borda[2] un marido y millones, como si me sobrasen! ¡Si ya decía yo que no podía salir bien…! ¡Si no podía salir bien! ¡Y encima me río! Claro que esto o pegarse un tiro[3] es lo que se hace cuando una pierde de golpe todas las posibilidades… ¡Que mi pobre Pablito se moriría! Sí, sí, morirse… *(Coge la botella. Bebe de ella y se sienta.)* ¡Seré bruta! ¡Un hombre como el señor Rueda! Un poco gruñón[4], quisquilloso[5], tiquismiquis[6]: esto sí, esto no, casi todo no, ¡pero estropearlo por un

1 cada cual, los nuestros: *loc.* cada cual tiene sus principios
2 tirar por la borda: über Bord werfen
3 pegarse un tiro: sich erschießen
4 gruñón/gruñona: mürrisch, brummig
5 quisquilloso/-a: pingelig
6 el tiquismiquis: kleinliche Person, Erbsenzähler

hijo que es como nada…! ¡Morirse…! Lo mismo pensó que era una criaturita así… *(Baja la mano cerca del suelo.)* ¡No fuera malo! Pero, claro, la culpa es mía que no quiero reconocer que ha crecido, que es un tiarrón[1] que mide casi dos metros, que tiene hecho el servicio militar, y que, según creo, se ha casado, que él no fue ni para decírmelo… que no me quiere, que le importo un pepino[2] y hasta se avergüenza… Sí, sí, se avergüenza… En la última carta que recibí, hace ya mucho por cierto, me decía muy respetable, casi tanto como el señor Rueda: «Mamá, estoy muy bien colocado, me relaciono con gente estupenda…» ¿A qué llamará él estupenda? «Supongo que no se te ocurrirá aparecer por aquí… el que tú hayas cometido cientos de errores no es razón para que yo ahora me fastidie…» ¡Cientos de errores! ¡Fariseo[3]! Sacrificarme por él y quererle y no dejarle por nada, ¡eso sí que fue un error! *(Con ensoñación.)* De chiquitito sí que me quería: mamá esto, mamá lo otro… Siempre le recuerdo así: como si los años no hubieran pasado. Y ése es el fallo[4]… La última vez que le vi tenía ya una voz aterradora y me hablaba como a un criminal… Me dijo cosas feas: con muy poco estilo. *(Dándose con la mano en la frente.)* ¡Testaruda[5]! ¡Que eres una testaruda! Bueno, también el señor Rueda lo es: él a lo suyo, erre que erre[6]. Yo a lo mío. ¿Y por qué no? Cada uno defiende sus ideas, sus puntos de vista: no por ser millonario los va a tener mejor que yo… son otros, simplemente. También era mucha historia eso de

1 el tiarrón: hombre muy alto
2 importar un pepino a alg.: *fam.* no importar nada a alg.
3 el fariseo: *aquí* el/la traidor/a
4 el fallo: el error
5 el/la testarudo/-a: Dickkopf
6 erre que erre: *fam.* hartnäckig, stur

andar como si a una la metieran un palo en la espalda, y no fumar, ni beber un vasito de vino de vez en cuando, con lo que alegra, que si no fuera por eso… *(Vuelve a beber. Ríe tristemente.)* ¡Tiene gracia! ¡Pensó que era un niño mi Pablo! Eso quiere decir que no me ve tan vieja… que no estoy del todo mal y que quizás, quizás, todavía encuentre a otro sin tantos miramientos…

(Breve silencio.)

¡Que no le viera más! ¡Nada más fácil! ¡Si no quiere saber nada de mí! Claro que todo esto podía habérselo aclarado y a estas alturas… Pero ¿para qué? ¿Qué diablos le importan al señor Rueda estas circunstancias? Aquí se ha hablado de principios y esto es un principio: lo mismo me lo exigía de haberme necesitado mi Pablo. *(Ríe.)* ¡Una lástima! Al final estaba hasta simpático, como todos los hombres que no se piensan casar, que el matrimonio los hace bastante insoportables… *(Se levanta con gesto cansino.)* ¡En fin! Y mañana otra vez al ensayito[1] para no variar, y habrá que oírles cuando sepan que no me caso. *(Imitando.)* «Lunarcitos, ¿por qué no alza más la pierna? ¿Es que no puede…? Pero ¿no te casas por fin?» ¡Así reventarán[2]!
(Pone la radio. Enciende otro cigarrillo. Se oirá una musiquilla que podrá ser la del principio. Lunarcitos se anima. Bebe otro traguito. Empieza a dar unos pasos de baile.) Bien mirado, no lo hago mal… Es que soy perezosa y me falta entrenamiento.
(Escucha la música. La tararea[3].) Un, dos, un, dos, ¡vuelta! *(Lo hace.)* ¡Perfecto! Un, dos, un, dos, ¡alzar la pierna y vuelta! *(Lo hace. Se aplaude un momento.)*

1 el ensayo: Probe
2 reventar (e>ie): *fam.* molestar
3 tararear: trällern, summen

¡Facilísimo! *(Coge la botella y empina[1].)* Otro poquito más. Ale, sigamos… *(Nuevos pasos de baile.)* No está mal, no está nada mal… ¡y mientras el cuerpo aguante! *(Se oirá más fuerte la música.)*

OSCURO.

1. Lee la obra en un acto hasta la página 47, l. 14. y explica en pocas frases el por qué de la cita.
2. ¿Cómo te imaginas a Lunarcitos y al señor Rueda? Descríbelos a los dos basándote en las acotaciones. Luego busca fotos de personas que según tú representen bien a estos dos protagonistas.
3. ¿Qué espera Lunarcitos de esta cita? ¿Qué espera el señor Rueda de la cita?
4. Comenta las condiciones del señor Rueda.
5. Revela la estructura de la obra (hasta p. 47, l. 14). Resume cada parte y expón su función.
6. Lee el "segundo desenlace" de la obra (p. 47, l. 15 hasta el final). Explica los pensamientos y el comportamiento de Lunarcitos.
7. Analiza cómo se dirige la simpatía del lector/espectador examinando cómo se presenta a Lunarcitos y al señor Rueda.
8. Imagina y escribe otro final.

1 empinar: zum Trinken ansetzen

Javier Tomeo

Historias mínimas: XII

Esquina de una calle cualquiera. El Hombre, al pie de un farol[1], espera con aire resignado y un par de orquídeas. Llega, por fin, la Mujer.

HOMBRE.—*(Corriendo al encuentro de su amada.)* ¡Oh, mi querida Rita!

MUJER.—*(Con una sonrisa de amazona.)* ¡Aquí estoy!

HOMBRE.—*(Trémulo[2].)* ¡Pensé que ya no venías!

MUJER.—Perdí el tren de las ocho cuarenta.

HOMBRE.—¿Pensaste ayer en mí?

MUJER.—Sí.

HOMBRE.—¿Y ayer noche? ¿Soñaste conmigo?

MUJER.—Sí, soñé contigo.

HOMBRE.—¿Y qué soñaste?

MUJER.—Fue un sueño bastante extraño.

HOMBRE.—¿Por qué?

MUJER.—Te vi fragmentado, como en un mosaico.

HOMBRE.—*(Con ademán de prestidigitador[3], ofreciendo a su amada las orquídeas.)* ¡Flores para mi dama!

MUJER.—¿Rosas?

HOMBRE.—No, orquídeas.

MUJER.—Pues parecen rosas.

1 el farol: la linterna, la farola
2 trémulo/-a: temblando/-a
3 el ademán de prestidigitador: *etwa* Handbewegung eines Zauberers

HOMBRE.—Me juraron que eran orquídeas.

MUJER.—De cualquier forma, sean lo que sean, tienen bastante buen aspecto.

Pausa. La Mujer olfatea[1] ruidosamente las flores. Luego, tras reconsiderar la tersura[2] de los pétalos[3], empieza a comérselas. El Hombre, mientras tanto, la contempla con una mirada arrobada[4].

HOMBRE.—*(Después de un largo silencio, con voz emocionada.)* ¡Rita!

MUJER.—*(Limpiándose los labios con el dorso de la mano.)* Qué.

HOMBRE.—Te quiero.

MUJER.—Me gusta oírte decir eso.

Silencio. La Mujer contiene a tiempo un estornudo[5]. Luego agarra al Hombre por el cuello y le empuja calle adelante.

1. Lee la obra y resúmela en una frase.
2. Describe y explica tus sentimientos después de la lectura.
3. Poned la obra en escena.

1 olfatear: beschnüffeln, beschnuppern
2 la tersura: Glätte
3 el pétalo: Blütenblatt
4 arrobado/-a: encantado/-a, entusiasmado/-a
5 el estornudo: Niesen

Javier Tomeo

Historias mínimas: XXXII

Departamento de vagón de ferrocarril. Hombre a la derecha y Mujer a la izquierda. El Hombre, que finge leer un periódico, lanza ávidas[1] miradas a las piernas de la Mujer. En un momento determinado, dobla el periódico, lo deja a un lado, cruza los brazos y suspira[2].

HOMBRE.—No puedo evitarlo, señorita, pero debo decirle que su presencia me enerva[3].

MUJER.—*(Sorprendida.)* ¿Qué es lo que dice usted?

HOMBRE.—Quiero decir que su proximidad me pone nervioso.

MUJER.—¿Y eso, por qué?

HOMBRE.—Usted, señorita, pertenece a esa categoría de mujeres que no pueden verse sin ser deseadas.

MUJER.—¡Vaya ocurrencia!

HOMBRE.—Usted pone a prueba todos mis buenos principios.

MUJER.—Lo que usted dice se merecería una dura reprimenda[4]. Es inconcebible[5] que todavía queden hombres de su ralea[6]. ¿Piensa, acaso, que las mujeres

1 ávido/-a: begierig
2 suspirar: seufzen
3 enervar: *aquí* poner nervioso/-a
4 la reprimenda: Rüffel, Rüge
5 inconcebible: inimaginable, impensable
6 la ralea: el tipo

somos como manzanas? ¿Cree que podemos ser deseadas y cogidas, sin más problemas que alargar el brazo?

HOMBRE.—Yo no le he dicho nada de eso, señorita.

MUJER.—Como si lo hubiese dicho. He conocido a otros hombres como usted.

HOMBRE.—Sabrá, entonces, que tengo a todas las mujeres en la más alta consideración.

MUJER.—Permítame que lo ponga en duda. La verdad es que, desde el primer instante que le vi, me sentí incomodada por su mirada de fauno[1].

HOMBRE.—¿Piensa usted, de verdad, que tengo mirada de fauno? ¿Está usted segura?

MUJER.—Mírese en un espejo, señor. Tiene usted la clase de mirada que ha atormentado[2] mis peores pesadillas.

HOMBRE.—*(Comprendiendo, por fin, que todos sus intentos de seducción van a ser infructuosos[3].)* En ese caso, señorita, creo que será mejor que me cambie de departamento.

Lanza a la Mujer una torpe sonrisa, recoge el maletín[4] y *sale al pasillo. Su gesto, sin embargo, resulta inútil, porque su mirada, como el rastro plateado[5] que va dejando un caracol[6], se quedó en el departamento trazando todavía obscenos arabescos[7] sobre las pantorrillas[8] de la Mujer.*

1 la mirada de fauno: *loc.* lüsterner Blick
2 atormentar: torturar
3 infructuoso/-a: sin éxito
4 el maletín: pequeña maleta
5 el rastro plateado: *hier* silbrige Schleimspur
6 el caracol: Schnecke
7 el arabesco: die Arabeske (eine Verzierung, deren Muster aus Blumen oder Ranken gebildet wird)
8 la pantorilla: la parte baja de la pierna

1. Lee la obra y presenta el problema que hay entre el hombre y la mujer.
2. Explica la última frase de las acotaciones.
3. Imagina lo que piensa la mujer al final de la obra. Escribe un monólogo interior.

Lo que queda

José Luis Alonso de Santos

Sinceridad

Personajes
Isabel
Carmen

Terraza de un bar. Una mujer elegante, sentada, toma un café. Sobre la mesa, muy visible, una revista «Vogue». Llega otra mujer también muy elegante y sofisticada[1]*, con otra revista «Vogue» en las manos, y se acerca.*

ISABEL.—¿Carmen? ¿Eres tú?

CARMEN.—Y tú Isabel, supongo. Hola, ¿cómo estás? Encantada.

(Carmen se levanta, y se dan un beso protocolario y distante. Se sientan las dos.)

CARMEN.—¿Quieres tomar algo?

ISABEL.—No, gracias, sólo puedo estar un momento. Tengo mucha prisa. No sabía si iba a conocerte cuando nos citamos por teléfono, por eso te dije lo de Vogue. *(Le muestra la revista que trae en sus manos.)* Te creí más alta.

CARMEN.—Yo tampoco te imaginaba así. Me sorprende que Alfredo tenga gustos tan diferentes. ¿Quieres fumar?

1 sofisticado/-a: afectado/-a

ISABEL.—No, no, gracias, no fumo. Desde luego no nos parecemos mucho. *(Pausa.)* Bueno, pues ya estoy aquí. Tú me dirás para qué tienes tanto interés en verme.

CARMEN.—Creí que sería importante que nos conociéramos y habláramos. A lo mejor me he equivocado, pero pensé que sería bueno para las dos. Me has dicho antes por teléfono que sabías desde hace tiempo lo mío y de Alfredo...

ISABEL.—Sí. Desde hace más de un año sé que mi marido se acuesta contigo.

CARMEN.—Dicho así suena un poco fuerte.

ISABEL.—Es un poco fuerte. Pero en fin, no te asustes, que no voy a hacerte ninguna escena de mujer celosa defendiendo ante la amante la posesión de su hombre.

CARMEN.—Me da la impresión de que esta conversación no va a ser fácil...

ISABEL.—He venido porque me muero de ganas de saber lo que tienes que decirme. Me imagino que no será que me separe de él para quedártelo, porque tú estás casada...

CARMEN.—No, no. Yo estoy bien así. Perdona que te sea franca[1], pero es verdad. No sé cómo, pero hemos conseguido un difícil equilibrio entre los tres. Bueno, gracias a tu comprensión, también es verdad. El caso es que ahora ha surgido un problema que amenaza con romper nuestra situación. Hay otra.

ISABEL.—Otra? ¿Que Alfredo tiene otra amante, aparte de ti?

1 franco/-a: sincero/-a

CARMEN.—Sí, me he enterado hace unos días. Es una nueva secretaria de su trabajo. Muy guapa, soltera[1]...

ISABEL.—Ah, pues de eso no sabía nada. ¿Y para qué me lo dices a mí?

CARMEN.—Porque quiero que me ayudes a recuperarlo; vamos, a que siga siendo para las dos, como antes. No sé qué hacer... Contigo no tenía celos[2], la verdad. Eres su mujer. Pero ella...

ISABEL.—Esto sí que tiene gracia. Lo siento, pero eso es cosa tuya. ¿Qué voy a hacer yo? Es normal que el marido cambie a la amante de vez en cuando. Que tú me pidas que te ayude en eso es un poco sorprendente, ¿no crees?

CARMEN.—Perdona, pero es que a ti también te interesa[3]. Sabes que lo mío con él no tenía demasiado peligro, que yo estaba casada, que no iba a intentar quitártelo. Pero ella... es soltera, como te he dicho. Pensé que a ti eso te preocuparía.

ISABEL.—Si te digo la verdad, en este momento lo que haga mi marido o deje de hacer, me tiene sin cuidado. Estoy perdidamente enamorada de otro, y cuanto más entretenido esté Alfredo y menos se ocupe de mí, mejor.

CARMEN.—No sabía que tú...

ISABEL.—¿Creías que era la pobre infeliz esposa que lloraba noche tras noche la ausencia[4] del marido? Eso pasó al principio. Y lo pasé muy mal. Pero luego reaccioné, y me decidí a buscar otro hombre. Y lo

1 soltero/-a: persona que no está casada
2 tener celos: estar celoso/-a
3 interesar a alg.: *aquí* tener que ver con alg., afectar a alg.
4 la ausencia: ≠ la presencia

encontré. El hombre perfecto, el amante ideal, el ser más dulce, amable y encantador que he conocido en mi vida: tu marido.

CARMEN.—*(Se pone en pie bruscamente.)* ¿Fernando?

ISABEL.—Sí, Fernando.

CARMEN.—*(Sentándose.)* No me lo puedo creer.

ISABEL.—Pues créetelo, porque es verdad. Estoy con él desde hace unos cuantos meses. Alfredo es muy despistado[1] y le he pillado[2] montones de datos tuyos, así que no me fue difícil conocer tu identidad. El resto fue fácil: buscar a tu marido y conquistarle. Las mujeres podemos hacer esas cosas cuando queremos ¿no? No es una venganza, te lo aseguro. Bueno, al principio tal vez hubo algo de eso, pero luego ya no. *(Pausa.)* Como ves, no puedo ayudarte con lo de mi marido. Eso es cosa tuya. A mí ahora lo único que me preocupa es conservar al tuyo.

CARMEN.—¡Dios mío! ¿Y Fernando sabe lo mío con...?

ISABEL.—Sí. Lo sabe. Ya se lo dije. Un poco de sinceridad de vez en cuando nunca viene mal.

CARMEN.—¿Por qué tuviste que hacer una cosa así? ¡Qué desastre, Dios mío!

ISABEL.—Fuiste tú la que lo hiciste, no yo. Y no te guardo rencor[3] por ello. Yo jugué al mismo juego. Eso es todo.

CARMEN.—¿Y qué vamos a hacer?

ISABEL.—Me imagino que seguir viviendo, y no ponernos melodramáticas. Se trata sólo de ser tan comprensivos cuando los otros nos engañan como lo somos cuando los

1 despistado/-a: ≠ concentrado/-a
2 le he pillado montones de datos tuyos: he encontrado mucho sobre ti
3 guardarle rencor a alg.: gegen jdn. einen Groll hegen

que engañamos somos nosotros. Yo quiero a mi marido y al tuyo, de forma diferente a cada uno, y me he dado cuenta que puedo estar así perfectamente con los dos... como tú estabas antes.

CARMEN.—¿Y yo? ¿Qué voy a hacer ahora yo?

ISABEL.—Como dice Clark Gable en el final de *Lo que el viento se llevó*[1]: «Francamente, querida... eso ya no me importa». Y perdona, me tengo que ir. Tengo hora en la peluquería. *(Se levanta.)* Encantada. *(Le da un beso protocolario, coge su revista «Vogue», y se aleja.)*

OSCURO.

1. Lee la obra y resume en pocas frases el porqué de la cita entre Carmen e Isabel.
2. Confecciona un esquema que haga visible las relaciones interpersonales en esta obra. Después presenta tu esquema en clase.
3. Analiza cómo se desarrolla la conversación.
4. Poned la obra en escena.
5. Después de su cita con Isabel, Carmen llama a su mejor amiga y le habla de sus sentimientos. Escribid el diálogo y ponedlo en escena.
6. Comenta el título.

1 «Lo que el viento se llevó»: *título de una película de culto* («Vom Winde verweht»)

José Luis Alonso de Santos
Una cuestión de honor

Personajes
Mujer
Marido
Amante

Una cama en la oscuridad de una habitación, iluminada sólo por un leve rayo de luna que llega por una ventana. Entra un hombre y enciende una cerilla[1]. *Levanta del suelo unas prendas*[2] *de hombre y las mira. Enciende otra cerilla y se acerca a la cama. Ve en ella un hombre y a una mujer. Se pasa al otro lado de la cama y enciende otra cerilla.*

MARIDO.—*(Habla bajo, como para no despertar al hombre.)* ¡María! *(Zarandeando*[3] *a la Mujer.)* ¡María! ¿Quién es éste? ¡María, no te hagas la dormida, coño!

MUJER.—*(Incorporándose, medio dormida.)* ¿Qué pasa? ¿Qué hora es? ¿Qué haces aquí? ¿Pero tú no estabas en Barcelona?

MARIDO.—No estoy en Barcelona, estoy aquí, leches[4]!

MUJER.—¡Calla, que lo vas a despertar!

MARIDO.—¿Que lo voy a despertar? *(Sigue hablando bajo.)* ¿Le voy a despertar…? ¡Lo que voy a hacer es tirarlo por la ventana! ¡Ay! ¡Me he quemado, joder[5]! *(Tira el resto*

1 la cerilla: Streichholz
2 la prenda: la ropa
3 zarandear: *hier* schütteln
4 ¡leches!: *vulg.* Scheiße!
5 ¡joder!: *vulg.* Scheiße!

de la cerilla y da la luz de la habitación. Va al otro lado de la cama y grita al hombre.) ¡Eh tú, despierta ya, coño! Está como un tronco[1] el tío…

MUJER.—Es que toma pastillas para dormir.

MARIDO.—¡Lo mato! ¡Te juro que lo mato! ¡Y a ti también! ¿Dónde hay un cuchillo?

(Busca por los cajones[2] de la habitación, y, al no encontrarlo, sale del cuarto hacia la cocina, resoplando[3] lleno de furor.)

MUJER.—*(Al hombre dormido.)* ¡Juan, despierta!

AMANTE.—Estoy despierto. Me he hecho el dormido porque no sabía qué hacer. Dice que va a buscar un cuchillo. ¿Quién es ese tío?

MUJER.—*(Con absoluta tranquilidad.)* Mi marido.

AMANTE.—*(Dando un brinco[4] en la cama.)* ¿Tu marido? ¿Estás casada y tienes un marido y no me dices nada? No me digas que ésta es su casa, y su cama…

(Ella dice que sí con la cabeza, bosteza[5], y se vuelve a acostar.)

AMANTE.—¿Que sí? ¿Que es su casa…?

(Él se levanta de la cama y empieza a vestirse a toda velocidad.)

AMANTE.—¡Y cómo no me has dicho que podía venir tu marido! ¿Qué piso es éste?

MUJER.—Un séptimo. ¿No te acuerdas, cuando vinimos?

1 (estar/dormir) como un tronco: *fam. loc.* schlafen wie ein Stein
2 el cajón: Schublade
3 resoplar: schnaufen, schnauben
4 dar un brinco: saltar
5 bostezar: gähnen

AMANTE.—No me acuerdo ahora ni de cómo me llamo... *(Mira la ventana.)* ¡Un séptimo! ¿La puerta...?

MUJER.—Hay que pasar por ahí delante.

AMANTE.—Otra salida no habrá, ¿verdad?

MUJER.—Como no te vayas volando...

(Entra el Marido furioso, con un pequeño cuchillo de cocina, sin punta[1], en las manos. Cierra la puerta del cuarto de golpe, y se coloca delante en postura agresiva.)

MARIDO.—¡De aquí no sale nadie! ¡A ver qué pasa ahora! ¡Coño!

AMANTE.—*(Acabando de ponerse los pantalones.)* ¡Oiga, que esto no es lo que parece, no vaya a pensar que...!

MARIDO.—¿Que no vaya a pensar? ¿Pero tú te crees que yo soy gilipollas[2]? ¡Estabas metido en la cama con mi mujer, te estás poniendo los pantalones, y me dices que no vaya a pensar...!

AMANTE.—Yo no sabía que era su mujer, se lo juro. Si lo llego a saber no vengo. O sea, que ha sido sin intención... Estas cosas pasan a veces...

MARIDO.—¡No pasan, joder, no pasan! ¡Por lo menos a mí no me pasan! *(A ella.)* ¿Pero este tío quién es?

MUJER.—Un compañero de trabajo...

MARIDO.—¿Un compañero de trabajo? ¡Y qué coño hace en mi cama con mi mujer!

AMANTE.—Ya le digo, una equivocación...

MUJER.—*(Al Amante.)* Déjalo, no te esfuerces. No lo va a entender... Se lo toma todo siempre a la tremenda[3].

1 la punta: Spitze
2 el gillipollas: *vulg. aquí* el idiota
3 tomarse todo a la tremenda: alles schwer nehmen

MARIDO.—¡Pero qué es lo que tengo yo que entender, a ver! ¿Es que no veo perfectamente claro lo que ha pasado hoy aquí?

MUJER.—Se ha enterado que su mujer está con otro, ¿comprendes? Estaba deprimido, y vino a hablar conmigo. Y hablando, hablando… se hizo tarde… Al fin y al cabo[1], tú también tienes algo que ver en esto, digo yo.

MARIDO.—¿Yo? ¿Qué tengo yo que ver con que a este cabrón[2] le engañe su mujer? Yo lo único que tengo que hacer es matarle ahora mismo.

MUJER.—Qué perra has cogido[3]. Que te apellides[4] Calderón[5] no quiere decir que estemos en una comedia de capa y espada[6]. Esas cosas pasaban antes porque no había televisión.

MARIDO.—¿Pero tú quieres que te mate a tí también? ¿Es eso lo que quieres?

MUJER.—*(Vistiéndose con total calma* y *naturalidad delante de los dos hombres.)* Mira, tengamos la fiesta en paz[7]. Sé perfectamente por qué has ido tú hoy a Barcelona, hoy y todos los viernes del año, así que es mejor dejarlo. ¿No te parece?

MARIDO.—¿Y eso qué tiene que ver?

1 al fin y al cabo: letzten Endes
2 el cabrón: *vulg.* el idiota
3 coger una perra: *fam. loc.* ponerse muy furioso/-a
4 apellidarse: llamarse
5 Calderón de la Barca: dramaturgo y poeta importante del Siglo de Oro (ca. 1600–1681)
6 comedia de capa y espada: Ehrendrama, in dem häufig der betrogene Ehemann an seinem Widersacher Rache übt
7 tengamos la fiesta en paz: *aquí* hablemos tranquilamente

AMANTE.—*(Va hacia la puerta despacio.)* Si no os importa yo me voy... Así podéis hablar más libremente de vuestras cosas...

MARIDO.—*(A gritos.)* ¡Tú te quedas! ¡Y si te vas, te vas por la ventana! *(A ella.)* ¿Se puede saber a qué viene ahora eso de Barcelona, qué tiene que ver con esto?

MUJER.—Calderón, tu puente aéreo[1] termina directamente en una cama del hotel Mindanao aquí en Madrid, cuatro calles más arriba de esta casa.

MARIDO.—*(Pausa.)* ¡Eso no es verdad!

MUJER.—¿A no? Pregúntaselo a la mujer de éste, a Ana *(Señala al Amante, que la mira sorprendido.)*, ... a ver sí no está ahí el hotel Mindanao.

AMANTE.—*(Sin comprender.)* ¿A mi mujer? ¿Qué tiene que ver Ana con donde está un hotel?

MUJER.—Todo tiene que ver en esta vida. Desde las estrellas y los horóscopos, al viento de los ciclones. ¿A que no sabías que las pirámides de Egipto están construidas con la misma orientación que las pagodas chinas[2]? Me voy a hacer un té.

(La Mujer sale. Los hombres se miden un tiempo con la mirada sin saber qué decir.)

AMANTE.—O sea, a ver si me entero yo..., que con este lío de pirámides y pagodas no me entero de nada... *(Señala al Marido.)* Ana y tú... entonces eres el tío... no me lo puedo creer... es que no me lo creo...

MARIDO.—¿Ana Pacheco es tu...? ¿Tú eres el...?

1 el puente aéreo: Luftbrücke
2 la pagoda china: chinesische Pagode

AMANTE.—*(Da una patada[1] en la cama* y *se hace daño.)* ¡Ay mecagüen[2] la madre que te...! ¡Es para matarte!

MARIDO.—No te pongas así, hombre.

AMANTE.—¿Que no me ponga así? O sea, que mi mujer lleva acostándose contigo un año y tú me dices que no me ponga así. ¿Y cómo quieres que me ponga? ¿Que baile?

MARIDO.—También tú te estabas acostando con la mía...

AMANTE.—¡Sí, pero una vez sola! ¡No un año!

MARIDO.—Entonces yo te mato a ti una sola vez, y luego tú a mí varias.

AMANTE.—¡Oye, no estoy para bromas! *(Da paseos desesperado por la habitación.)* ¡Esta tía...! ¡Me deja, me engaña...! ¡Y ahora resulta que es con este tío...

MARIDO.—Pues tú no sabes el trago que es entrar en tu dormitorio y encontraros como os he encontrado yo, ahí juntos a los dos, desnudos en mi cama...

AMANTE.—Si me hubiera pasado a mí no sé lo que hubiera hecho... ¡Dios mío! No quiero ni pensarlo.

MARIDO.—Por eso había cogido yo el cuchillo.

AMANTE.—*(Va hacia el otro.)* ¡Dámelo! ¡Trae! ¡Dame el cuchillo!

MARIDO.—*(Apartándose.)* ¡Oye, no irás a...!

AMANTE.—¡Trae! *(Trata de quitárselo,* y, *en el forcejeo[3], se corta en un dedo.)* ¡Ay, joder!

MARIDO.—¿A ver? Te has hecho un corte. Espera, que te pongo algo... *(Va hasta la puerta, abre* y *grita fuera.)*

1 la patada: Tritt
2 mecagüen ... (= me cago en ...): *vulg.* ich scheiß auf ...
3 el forcejeo: Gerangel

¡María! ¡Trae una tirita[1], que se ha cortado éste! *(Abre el cajón de la mesilla.)* Yo creo que había aquí alguna… *(Ve encima de la mesilla un preservativo y lo coge.)* ¡Serás hijo de puta! ¿Esto qué es, eh?

AMANTE.—¿Y tú con mi mujer, en el Mandanao?

MARIDO.—¡Mindanao, no Mandanao!

AMANTE.—¡Es igual!

MARIDO.—No, no es igual. Es con «i», no con «a».

AMANTE.—¡Dame eso, que es mío…!

MARIDO.—¡Quita de aquí, que te…! *(Forcejean por el preservativo, y ahora es el Marido el que se pincha[2] en una mano con el cuchillo.)* ¡Ay, me he cortado…!

AMANTE.—Perdona… ¿Te has hecho mucho…?

(Entra la Mujer con las tiritas, un abrigo y una bolsa de viaje en sus manos.)

MUJER.—¿Para quién es la tirita…? *(Los dos hombres le enseñan sus heridas por cuestiones de honor. Ella deja las tiritas sobre un mueble.)* La próxima vez cortaros en el cuello, y bien fuerte a ser posible. Acabo de hablar con Ana por teléfono, y hemos decidido que me voy a vivir a su casa con ella. Somos amigas desde hace un montón de tiempo. Desde la universidad, cuando estudiábamos juntas. Vosotros os podéis quedar aquí juntos si queréis, clavándoos el cuchillo el uno al otro y poniéndoos tiritas. En la época del otro Calderón, por lo menos, los hombres se mataban de verdad.

1 la tirita: Pflaster
2 pinchar: stechen

(Los dos hombres la miran irse, desconcertados[1], con sus heridas levantadas al viento de su historia. Luego se miran el uno al otro, desolados y confusos de haber tenido que vivir en época tan poco heroica.)

OSCURO.

1. Resume la obra.
2. Expón los elementos cómicos en esta obra y explica su función.
3. Analiza y comenta la imagen de la mujer retratada en esta obra.
4. Imagina cómo continúa la conversación entre el marido y el amante. Escribe el diálogo.
5. Compara la imagen de la mujer que se refleja en esta obra con las imágenes que presentan las obras «Sinceridad» y «¿Tengo razón o no?»

1 desconcertado/-a: sin saber qué hacer

José Luis Alonso de Santos

Una verdadera mártir[1]

Personajes
Él
Ella

Un parque. Media tarde. Patos, desocupados y ruidos de juegos de niños. Él, feo y mal vestido, sentado en un banco lee un periódico. Ella, guapísima y muy arreglada, se acerca al banco y merodea[2] alrededor. Por fin se sienta en el otro extremo del banco.

ELLA.—Oye... perdona... ¿Vienes mucho por aquí?

ÉL.—*(Despectivo.)* ¡Y a ti qué te importa! *(Sigue leyendo.)*

ELLA.—*(Acercándose en el banco.)* ¿Estudias o trabajas?

ÉL.—¿Quieres que llame a un guardia? ¿eh?

ELLA.—Bueno, no te pongas así... No te estoy haciendo nada. Sólo estoy aquí, sentada... El banco es de todos.

(Pausa.)

ÉL.—*(Mirándola duramente.)* Pero bueno, ¿tú eres tonta, o qué?

ELLA.—Desde luego, los hombres sois todos iguales. No sé qué os creéis, que estamos todas deseando... No te voy a comer.

1 el/la mártir: Märtyrer/in
2 merodear: pasear

ÉL.—¿Es que no puede uno venir al parque tranquilamente a leer el periódico sin que se acerque una pesada[1]?

ELLA.—¡No puedo más! *(Se pone a llorar.)* Llevo más de un año detrás de ti. No te pones al teléfono, no quieres hablar conmigo, y cuando te encuentro haces como que no me conoces... Yo trato de seguirte la corriente, pero esto no puede seguir así. Estoy sufriendo y pasándolo mal.

ÉL.—¡Y a mí qué me cuentas! Es tu problema.

ELLA.—¿Es mi problema estar enamorada de ti?

ÉL.—¿Pero por qué estás enamorada de mí, si yo no hago nada?

ELLA.—¡Me desprecias[2]! ¿Te parece poco?

ÉL.—¡Ah! ¿Y por eso estás enamorada de mí? ¿Porque te desprecio?

ELLA.—¡Cásate conmigo, por favor te lo pido! ¡Soy rica, guapa, culta, tengo una casa maravillosa, un perro...! ¡Todo te lo doy! ¡Todo!

ÉL.—¡Pero bueno...! ¡Qué manía has cogido! No me quiero casar, a ver si te enteras. Soy ferroviario. Me gusta conducir trenes por el mundo y no quedarme en casa, tener niños y ver en la televisión esos programas estúpidos que nos cuentan cómo es la vida estúpida de los seres estúpidos. Yo soy un poeta de las vías de alta velocidad. Y odio a las mujeres, a ver si te enteras.

ELLA.—Pues por eso te quiero más. Necesito sufrir lo más posible viviendo a tu lado. Seré la Madame Bovary[3]

1 la pesada: *etwa* Nervensäge, lästige Person
2 despreciar a alg.: ≠ estimar/apreciar a alg.
3 Madame Bovary: *protagonista de la famosa novela de Gustave Flaubert; Emma Bovary no es feliz en su matrimonio y termina suicidándose.*

de esta época, Juana de Arco[1] y Teresa de Calcuta[2] a un tiempo. Tengo vocación de mártir de hombres y sé que tú eres el mejor partido del mundo para la desesperación.

ÉL.—¿No ves que lo hago por tu bien...? ¿No ves que te iba a tratar fatal?

ELLA.—*(Abre un paquete que lleva en sus manos.)* Te he traído un regalo: ábrelo, por favor.

ÉL.—*(Lo coge.)* ¿Qué es? *(Abre el paquete y saca un cinturón de castidad[3].)* ¿Qué es esto?

ELLA.—Lo he comprado en El Corte Inglés[4]. Es de plástico, pero imitación de los antiguos, de los de verdad. Me lo pondré cada vez que te vayas de viaje para que sepas que te seré fiel siempre.

ÉL.—*(Mira el artilugio[5] con curiosidad.)* ¡Bueno...! ¡Desde luego...! Las mujeres cuando os empeñáis[6] en algo...

ELLA.—Soy una mujer muy antigua, necesito un monstruo como tú para ser completamente desgraciada, como mi madre. Yo la he visto llorar desde pequeña, noche tras noche... ¡Yo también tengo derecho a sufrir!

ÉL.—¡Que no me caso, leches[7]! ¡Que no me caso, y contigo menos! ¡Paliza[8], que eres una paliza! ¡Vete de aquí, y déjame en paz de una vez! Antes de casarme contigo me mato.

→ *p. 76, tarea 1*

1 Juana de Arco: *Jeanne d'Arc muere traicionada*
2 Teresa de Calcuta: Mutter Theresa *(símbolo de la bondad)*
3 el cinturón de castidad: Keuschheitsgürtel
4 El Corte Inglés: span. Kaufhauskette
5 el artilugio: la cosa
6 empeñarse en a/c: *hier* sich in etw. hineinsteigern
7 ¡leches!: *vulg.* Scheiße!
8 la paliza: *etwa* Nervensäge

(Él se pone de nuevo a leer el periódico. Ella saca una pistola del bolso y se la enseña.)

ÉL.—¿Eso qué es?

ELLA.—Una pistola ¿No lo ves?

ÉL.—¿Qué pasa? ¿Ahora viene el momento del suicidio? Es lo último que nos faltaba ya. Pues por mí puedes matarte si quieres, pero sepárate un poco, por favor, no me manches[1] la ropa. Vete al césped[2].

ELLA.—Perdona querido, pero no es para matarme yo, sino para matarte a ti. Hay crímenes pasionales que están completamente justificados.

(Ella le apunta con el arma. Él se pone de pie, pálido.)

ÉL.—¿Pero tú estás loca?

ELLA.—Sí. ¿Ahora te das cuenta? Completamente loca. *(Dispara[3].)*

OSCURO.

1. Lee la obra hasta la página 75, l. 24 y escribe el desenlace.
2. Después de leer la obra completa, ¿qué preguntas tienes?
3. Explica el interés que tiene Ella en Él basándote en el texto.
4. ¿Es Ella culpable de un homicidio o está "completamente loca" (l. 14) y tendría que ingresar en un centro psiquiátrico? Discutid esta pregunta basándoos en el texto.
5. Preparad el juicio a Ella y ponedlo en escena.

1 manchar: ensuciar
2 el césped: Rasen
3 disparar: tirar (pistola)

Paloma Pedrero

Resguardo[1] personal

A Elena Moreno.
Y a todas las mujeres libres.

Personajes
Marta
Gonzalo

Salón-comedor de casa modesta o apartamento. Los muebles son típicos de piso de alquiler[2]: toscos[3], impersonales y baratos. La decoración escasa. En la habitación hay signos de mudanza[4] reciente. Al encenderse la luz vemos a Marta. Está arreglada y maquillada, aunque en su rostro hay huellas de cansancio. Abre su bolso de mano y busca un papel que coloca encima de la mesa del teléfono. Va a marcar pero se arrepiente[5] y cuelga. Se sienta en el sofá al lado de una caja de cartón por la que asoma[6] ropa que ella coloca delicadamente.
Suena el timbre de la puerta. Marta se levanta, se pone el abrigo y se dirige a abrir.
En el umbral[7] de la puerta aparece Gonzalo.

1 el resguardo: *loc.* Beleg, Quittung
2 Los muebles son típicos de piso de alquiler: *Hasta hoy en España es más usual comprar pisos que alquilarlos. Los pisos de alquiler suelen alquilarse amueblados.*
3 tosco/-a: grob
4 la mudanza: Umzug
5 arrepentirse (e>ie) de a/c: etw. bereuen
6 asomar: heraushängen
7 el umbral: Schwelle

MARTA.—*(Sin dejarle entrar.)* ¿Qué quieres?

GONZALO.—¿Cómo que qué quiero? Déjame pasar.

MARTA.—¿Para qué?

GONZALO.—Tenemos que hablar.

MARTA.—Ahora no puedo. Tengo prisa. Iba a salir en este momento.

(Gonzalo empuja la puerta y *se introduce dentro de la casa.)*

GONZALO.—Creo que me debes una explicación.

MARTA.—¿Otra? No me quedan.

GONZALO.—¿Dónde está Nunca?

MARTA.—Tú sabrás. Estaba en tu casa. Tal vez se cansó y salió a tomar el sol.

GONZALO.—Ha desaparecido. Tú eres la única que tiene las llaves del piso y sabías que iba a estar dos días fuera. Te has llevado a la perra ¿no?

MARTA.—*(Mirando alrededor.)* Llámala. Estará deseando verte.

GONZALO.—*(Abriendo las puertas de las habitaciones.)* ¡Nunca! *(Silba.)* ¡Nunca! ¡Nunca, soy yo…!

MARTA.—Ya lo ves. No está.

GONZALO.—¿Dónde está la perra? No me voy a enfadar, Marta. Sólo quiero que me des una explicación. Me la has quitado.

MARTA.—¿Me vas a denunciar? No te lo aconsejo. Vas a hacer un ridículo espantoso[1]. *(Se ríe.)* Ya lo estoy viendo:

1 espantoso/-a: horroroso/-a

marido agraviado[1] denuncia a su esposa por secuestro[2] de perrita cariñosa. *(A carcajadas[3].)* ¡Qué divertido!, ¿no?

GONZALO.—No empieces a ponerme nervioso. Estoy intentando ser razonable. Te pido que no me hagas perder los estribos[4].

MARTA.—Grita, grita. Es muy sano. Sé que lo necesitas.

GONZALO.—*(Levantando la voz.)* ¡Deja de hablarme en ese tono! ¡Vas a conseguir que ocurra lo que estoy intentando evitar! ¿Dónde está la perra?

MARTA.—Habla bajito, por favor. No me encuentro bien del todo. Llevo dos días sin salir de casa. Todavía estoy un poco...

GONZALO.—¿Qué te pasa?

MARTA.—Fiebre. He estado con cuarenta grados.

GONZALO.—¿Te ha visto un médico?

MARTA.—He tenido unos delirios terribles. Anteanoche me desperté gritando; soñé que te habías convertido en una araña[5] roja...

GONZALO.—*(Preocupado.)* ¿Cuándo tuviste los primeros síntomas? ¿Dolor? ¿Inflamación? ¿Has tomado antitérmicos[6]? ¿Quieres que te explore[7]?

1 agraviado/-a: ofendido/-a
2 el secuestro: Entführung
3 (reírse) a carcajadas: schallend (lachen)
4 perder (e>ie) los estribos: *loc.* die Nerven verlieren
5 la araña: Spinne
6 el antitérmico: fiebersenkendes Mittel
7 explorar: untersuchen

MARTA.—No te preocupes, ya estoy bien. He tomado antibióticos y hoy ya no tengo fiebre. Por cierto, Gonzalo, cuando anestesiáis[1] a un enfermo para operarle, ¿oye?

GONZALO.—¿Cómo que si oye? Bueno, si es una anestesia de tipo quirúrgico, evidentemente no.

MARTA.—¿Y si es superficial? ¿Si es superficial, escucha lo que pasa a su alrededor?

GONZALO.—Pues… sí, pero, ¿por qué me preguntas eso?

MARTA.—No, era una imagen. Cuando deliraba con la fiebre me sentía como anestesiada. *(Pausita.)* Pero lo oía todo.

GONZALO.—Te noto cansada. No deberías estar sola.

MARTA.—¿A qué hora ha llegado tu tren? Te esperaba antes. Té has retrasado diez minutos. Llegaste a Chamartín a las seis y media ¿no?

GONZALO.—¿Por qué lo sabes?

MARTA.—Te esperaba.

GONZALO.—Sabías que iba a venir por la perra, claro. Estás reconociendo que te la llevaste.

MARTA.—La recuperé. Abrí la puerta y vino corriendo hacia mí. «Ah, no», le dije yo, y le expliqué claramente su situación. Entonces ella decidió libremente que prefería vivir conmigo. Te aseguro que no la coaccioné[2].

GONZALO.—Me desconciertas, Marta. No sé si es que estás desarrollando un nuevo sentido del humor o es que te estás quedando conmigo[3].

1 anestesiar a alg.: jdn. in Narkose versetzen
2 coaccionar a alg.: obligar a alg.
3 quedarse con alg.: jdn. an der Nase herumführen

MARTA.—*(Con sorna[1].)* No, no tengo ningún interés en quedarme contigo. Tengo prisa.

GONZALO.—Escúchame. Vamos a hablar como personas civilizadas. Nos estamos jodiendo la vida demasiado el uno al otro. Esto no tiene sentido.

MARTA.—*(Mostrándole un poster.)* ¿Qué te parece si pongo este cartel en esa pared? Está todo tan feo...

GONZALO.—¡He venido a hablar contigo!

MARTA.—¿Me vas a dar el piano? El piano era de mi padre, me lo regaló a mí.

GONZALO.—¡Cállate! Quiero... estoy jodido[2], Marta. ¿No te das cuenta?

MARTA.—*(Le mira fijamente.)* Ya lo sé. No soportas sentirte abandonado. Te pone enfermo. Pues deberías tranquilizarte, porque es mentira; tú me dejaste primero y después yo... me fui.

GONZALO.—Yo nunca te he dejado. Eso no es verdad.

MARTA.—No, claro, sólo trabajabas tanto... Pues estás mejor ahora. Al menos no me hablas de sístoles y diástoles[3].

GONZALO.—No te entiendo.

MARTA.—No pretendo que me entiendas a estas alturas. Soy un poco... paranoica, pero no gilipollas[4].

GONZALO.—Yo siempre te he tenido en mente.

MARTA.—Me has tenido en casa. Tengo un vecino que dice que lo mejor de estar casado es no tener que preocuparse de pasear a la novia.

1 con sorna: spöttisch
2 estar jodido/-a: *vulg.* estar muy mal/enfermo/-a
3 la sístole/la diástole: *Blutdruckwerte*
4 gilipollas: *vulg. aquí* idiota

GONZALO.—¿Por qué no me lo dijiste?

MARTA.—No ha sido grave. Ya sabes que mis fiebres son psicosomáticas.

GONZALO.—¿Por qué no me dijiste que me estabas poniendo los cuernos[1]?

MARTA.—¡Qué expresión mas desacertada! ¿Tú sabes de dónde viene? Nunca he conseguido averiguar[2] el significado.

GONZALO.—Si al menos te hubieras enrollado con ese gilipollas discretamente… pero no, tenías que subirle a casa. Que te viera el portero.

MARTA. —Jamás lo hicimos en nuestra cama.

GONZALO.—¡Eso es lo de menos! Ya te he dicho que lo que no soporto es… ¡Me siento traicionado!

MARTA.—Gonzalito, déjalo ¿quieres? Se me hace muy aburrido… No nos entendemos. La gente no se puede comunicar con todo el mundo, es normal. Es una cuestión de ondas… La tuya y la mía chocan y ¡plaff! caos, caos, caos…

GONZALO.—¿Sigues con él?

MARTA.—No. Estoy intentando encontrar la paz.

GONZALO.—Ya sabía yo que era un hijo de puta. Me alegro de que, al menos, te hayas dado cuenta.

MARTA.—Estaba hablando del caos.

GONZALO.—O sea, que sigues viéndole.

MARTA.—Qué más da.

GONZALO.—Sabes que no me da igual.

1 ponerle a alg. los cuernos: *loc.* engañar a alg.
2 averiguar: *aquí* comprender

MARTA.—No estoy con nadie. Ya te he dicho que necesito estar sola.

GONZALO.—¿Hasta cuándo?

MARTA.—Hasta que olvide y vuelva a creer en cosas imposibles.

GONZALO.—Necesito que vuelvas a casa. Esto es absurdo.

MARTA.—Es totalmente absurdo. Me ha costado mucho tomar esta decisión pero ya está, ya la he tomado.

GONZALO.—Tienes que volver. No me acostumbro a estar solo.

MARTA.—Es una cuestión de aprendizaje.

GONZALO.—Marta, yo te quiero. Te juro que te quiero.

MARTA.—Ya lo sé. Me enseñaste algo que no conocía...

GONZALO.—Vuelve a casa. Podemos arreglar las cosas...

MARTA.—Me enseñaste lo insólito[1] del amor: la destrucción.

GONZALO.—Quiero seguir viviendo contigo. Creo que no está todo perdido...

MARTA.—Puede ser que la destrucción sea parte del amor...

GONZALO.—Mira, Marta, he estado pensando mucho en nosotros, sé que soy un tío jodido pero... voy a hacer un esfuerzo por salvar nuestra relación.

MARTA.—Sí, eres muy jodido y bastante sordo.

GONZALO.—Tienes que comprenderme. Sabes que tengo muchas responsabilidades. Estoy luchando para que me den la plaza de jefe de Servicio. Tengo treinta camas a mi cargo. Me paso diez horas diarias en el quirófano[2]...

1 insólito/-a ungewöhnlich
2 el quirófano: Operationssaal

MARTA.—¡No! Lo de siempre no, por favor. Sueño con personas deformes, con extracorpóreas, transfusiones, ecocardiogramas... tic-tac, tic-tac, tic-tac, corazones que nunca se paran.

GONZALO.—Lo hago por nosotros, por nuestros hijos. Quiero ganar dinero para que vivamos bien...

MARTA.—Eso es interesante. ¡Suerte! Nos equivocamos; yo necesito otras cosas y tú otra mujer.

GONZALO.—No me hagas perder la paciencia. He decidido que te perdono... que te comprendo. Sé que estás un poco... desequilibrada y sé también que yo, en parte, soy responsable. Vamos a ayudarnos. Si no me echas una mano no voy a conseguir sacar la plaza.

MARTA.—¡Me importa un carajo[1]! ¡Dios, toda la vida con el mismo rollo[2]!

GONZALO.—¡No me quieres escuchar!

MARTA.—No.

GONZALO.—No tienes interés en hablar conmigo, ¿no?

MARTA.—Sí.

GONZALO.—¿Sí?

MARTA.—Sí que no, que no tengo interés.

GONZALO.—¿Vas a volver a casa?

MARTA.—No.

GONZALO.—Te advierto que no te lo voy a pedir más.

MARTA.—Te lo agradezco. Tengo prisa.

GONZALO.—Es tu última oportunidad.

MARTA.—No la quiero.

1 ¡me importa un carajo!: *fam.* ¡me da igual!
2 el rollo: *fam.* una cosa aburrida

GONZALO.—Es increíble el resentimiento[1] que tienes. Estás enferma.

MARTA.—Sí, me provocas palpitaciones[2].

GONZALO.—¡No te consiento[3] que me hables así!

MARTA.—Me tengo que ir.

GONZALO.—¿A dónde?

MARTA.—Vete, Gonzalo. Lárgate de mi casa. No te he invitado a venir.

GONZALO.—Está bien, tú lo has querido. He venido aquí por algo…

MARTA.—Por algo que no está. *(Mira su reloj.)* ¡Dios mío, las ocho menos once minutos! *(Se dirige hacia la puerta. Gonzalo se pone delante para no dejarla salir.)*

GONZALO.—Tú no sales de aquí hasta que no me digas dónde está la perra.

MARTA.—Quítate de ahí. Tengo algo muy urgente que hacer.

GONZALO.—Devuélveme lo que me has robado.

MARTA.—¡Es mía! Yo la he criado, la he cuidado cuando estuvo enferma…

GONZALO.—Eso es una chorrada[4]. Yo la sacaba a mear…[5]

MARTA.—¡Mentira! Yo le daba de comer, le hacía todo…

GONZALO.—¿Quién la pagó?

MARTA.—Tú no compras nada, imbécil. Nada que esté vivo. ¡Y quítate de ahí…!

1 el resentimiento: Groll
2 la palpitación: Herzklopfen
3 consentir (e>ie): permitir
4 la chorrada: *fam.* una tontería
5 sacar a mear al perro: mit dem Hund Gassi gehen

GONZALO.—¿Dónde está la perra?

MARTA.—*(Después de una pausa.)* ¿Quieres saber dónde está? ¿Quieres que te lo diga? En la Perrera Municipal[1].

GONZALO.—¿Que la has metido en la Perrera?

MARTA.—De tu casa a la Perrera directamente. ¿Qué te crees? ¿Que iba a estar aquí esperándote?

GONZALO.—¡Eres una hija de puta...!

MARTA.—Y no te molestes en ir a buscarla porque no te la van a dar. Tengo un papel en el que consta que yo soy su dueña y sólo entregando ese resguardo te la dan.

GONZALO.—¡Dame ese papel ahora mismo!

MARTA.—¡Me has quitado todo pero a la perra no la vuelves a ver!

(Marta intenta salir de nuevo. Gonzalo la agarra.)

MARTA.—¡Déjame salir! ¡Tengo que irme!

GONZALO.—¡El papel...!

MARTA.—Esta tarde termina el plazo[2] para ir a recogerla. La perrera la cierran a las ocho. Me quedan ocho minutos. *(Histérica.)* ¡Ocho minutos!

GONZALO.—¿Para qué?

MARTA.—Me dieron setenta y dos horas. Si no voy ahora mismo y cierran, la sacrifican esta noche.

GONZALO.—¡Eso es mentira!

MARTA.—¡Te lo juro por Dios! *(Llorando.)* He estado enferma y sola. No he podido salir a la calle antes... Cuando has llegado me iba a buscarla. Por favor, te lo suplico, déjame salir. ¡No me queda tiempo!

1 la Perrera Municipal: *etwa* städtisches Hundeheim
2 el plazo: Frist

GONZALO.—No. *(Marta se lanza hacia él* y *le golpea.)*

MARTA.—¡Hijo de puta! ¡Eres un...! ¡La van a matar por tu culpa!

GONZALO.—Por la tuya. Fuiste tú quien la llevó al matadero[1].

MARTA.—*(Suplicante.)* Todavía tengo tiempo. La Perrera está aquí al lado... Quedan cuatro minutos...

GONZALO.—No.

MARTA.—*(Le entrega el resguardo.)* Toma, vete tú. Corre, yo te digo dónde...

GONZALO.—No.

MARTA.—¿Cómo? ¿No vas a ir?

GONZALO.—Los caprichos de loca hay que pagarlos. *(Lee el papel* y *mira el reloj.)* Se acabó, ya no hay tiempo.

MARTA.—Eres tú. Lo veo tan bien, tan claro... Siento cierta felicidad por no haberme equivocado. Eres despreciable. Eres una araña roja; te has comido mis raíces, mis hojas..., has matado a mi perra...

GONZALO.—Tú la has matado. Estás loca, Marta. Y sólo por orgullo...

MARTA.—Sólo por odio.

GONZALO. —Estás más grave de lo que pensaba.

MARTA.—Puede sentirse satisfecho con su trabajo, doctor.

GONZALO.—Las ocho.

MARTA.—Adiós.

GONZALO.—Un momento, tengo que cerciorarme[2]. *(Se dirige al teléfono.)*

1 llevar a alg. al matadero: *loc.* jdn. zur Schlachtbank führen
2 cerciorarse: sich Gewissheit verschaffen

MARTA.—¿Qué vas a hacer?

GONZALO.—Llamar a la Perrera.

MARTA.—*(Señalando el resguardo.)* El teléfono viene ahí.

(Gonzalo marca el número. Espera y cuelga.)

GONZALO.—Han cerrado. *(Satisfecho.)* Tu perrita ya... *(Hace un gesto de inyectar y rompe el papel en pedazos. Marta se derrumba*[1]*.)* Adiós. *(Sale.)*

(Marta mira hacia la puerta. Después de unos segundos de angustia comienza a reírse a carcajadas. Corre hacia una caja de embalaje[2]*, la abre y sale Nunca desperezándose*[3]*.)*

MARTA.—*(Sorprendida.)* ¿Ya estás despierta? Pobrecita... Muy bien, te has portado estupendamente. *(Le da algo de comer.)* ¿Has oído, Nunca? Necesitaba que lo oyeras todo, que supieras cómo es tu padre. Bueno, ya te vas a ir espabilando[4]... Sólo ha sido un sueñecito. *(Saca una jeringuilla*[5] *de la caja.)* La culpa es de Gonzalo; esto era suyo. *(La tira con desprecio.)* ¿Has visto cómo todo ha salido bien? Le conozco tanto... Sabes, yo misma me creía que era verdad; casi me muero. Pero ya se acabó, ya no volverá a molestarnos... por lo menos a ti, ¿nos vamos a la calle? Hale[6]...

(Nunca mueve el rabo contenta. Marta coge la cadena. Salen.)

OSCURO.

1 derrumbarse: colapsar
2 la caja de embalaje: Verpackungskarton
3 desperezarse: sich recken
4 espabilarse: *fam.* sich aufrappeln
5 la jeringuilla: Injektionsspritze
6 ¡hale!: ¡anda! ¡vamos!

1. Lee la obra completa y resúmela en pocas frases. No olvides la frase introductoria.
2. Haz una lista que revele los motivos de la separación de Marta y Gonzalo.
3. ¿Por qué viene Gonzalo a casa de Marta?
4. Explica la función de la perra Nunca.
5. Comenta
   a) el comportamiento de Marta o
   b) el comportamiento de Gonzalo.
6. Al día siguiente, Marta y Gonzalo le cuentan a un amigo/a una amiga lo que pasó, explicando y justificando su manera de actuar. Escribe uno de los dos diálogos.

Concha Romero

¿Tengo razón o no?

Personaje
Carlos

Acto único

Salita de estar de un piso modesto. Teléfono y una mesita mueble-bar. Dos puertas, a izquierda y derecha, comunican con el exterior y con las habitaciones interiores.
La luz está encendida. Suenan doce campanadas de un reloj imaginario.
Carlos, de unos cuarenta años, entra con gabardina[1] *y maletín*[2] *por la izquierda.*

CARLOS.—¡María, María…!

(Al no obtener respuesta entra por la puerta derecha llamando a María. En off.)

¡María…, María…!
(Entrando en escena de nuevo.) ¡Y para esto he venido tan pronto! ¡Si llego a saber que no estaba…! *(Quitándose la gabardina.)* ¿Adónde habrá ido? Seguramente a alguna de sus tías le ha dado un jamacuco[3]. ¡Es que no se pueden tener tantas tías ni preocuparse tanto por ellas! En fin, cada uno tiene sus hobbys y, dentro de lo que cabe, éste es de los menos

1 la gabardina: Trenchcoat
2 el maletín: *hier* Handkoffer
3 dar un jamacuco a alg.: *etwa* ein Wehwehchen haben

malos. *(Carlos se sirve una copa.)* No debería molestarme, pero el caso es que me molesta, no sé muy bien por qué. Misterios de la vida. Aunque lo que realmente me molesta no es que vaya a cuidar a su tía sino que no esté en casa cuando yo llego, sobre todo si he venido corriendo para que no se enfade. ¿Tengo razón o no? No sé si acostarme o esperarla. Sueño no tengo. Me tomaré otra copa.

(Se sirve otra copa y pone la radio. Da un sorbo[1]. Marca un teléfono.)

¿Te he despertado?... ¿Estabas en la cama?... No, estoy solo... Sí, en casa... María ha salido... Ja, ja, ja. ¡Y con lo calentitos que estábamos![2] Hoy me ha dado verdadera pereza[3] salir. Hacía tanto frío en la calle... Tres bajo cero. Trabajo me costó quitar el hielo del coche... Sí, el tiempo está muy raro...

Lo mismo pienso yo, debería haberme quedado un rato más, pero ya sabes cómo es mi mujer, si no llego a cenar, se enfada y si dan las doce y no he aparecido, se pone histérica... ¡Cenar, cenar! ¿Qué más te da cenar que almorzar[4]?... ¿Al cine? Al cine podemos ir a las cuatro, a las siete. Es mucho mejor, hay menos gente... No sé de qué te quejas, si paso contigo más tiempo que con ella... ¿Que si te quiero? ¡Vaya pregunta! ¿Es que lo dudas?

¿Que la deje y me vaya a vivir contigo?... Sí, claro que me ha sorprendido. Es la primera vez que me lo

1 el sorbo: Schluck
2 con lo calentitos que estábamos: *etwa* wo es doch so schön warm war
3 dar pereza a alg.: no tener ganas
4 almorzar (o>ue): comer (al mediodía)

dices... Creí que eras una fanática de la soltería[1]. ¡Como siempre hablas pestes[2] del matrimonio!... Tienes razón, yo tampoco hablo demasiado bien, pero lo hago con conocimiento de causa[3], en cambio tú siempre has vivido sola... Bueno, algunas ventajas tiene aunque, claro, bastantes más inconvenientes... ¿Cuáles? Pues no sé..., te sientes como vigilado, como un niño pequeño teniendo que dar cuentas de dónde has ido y de dónde has venido... pero, vamos, con un poco de imaginación y unas excusas bien preparadas, no es muy grave la cosa, acabas haciendo lo que quieres. Las mujeres se tragan bien las bolas[4]. Es fácil... ¡No, mi vida! A ti nunca te mentiría... ¿Que te han entrado unas ganas irrefrenables[5] de casarte? No me asustes. ¿Para qué? ¿No estamos bien así...?

(Mientras escucha la larga réplica de la mujer, Carlos hace gestos de contrariedad. Es evidente que no quiere problemas.)

Perdona un momento, he oído el ascensor. Debe de ser María. Te cuelgo. Hasta mañana.

(Carlos cuelga el teléfono aliviado.)

¡Ya se me estropeó el rollo[6]! ¡Otra que se quiere casar! De sobra sé por experiencia que después de esta proposición no puede venir nada bueno. Y yo no quiero problemas, bastantes tengo ya. Así que monada[7], adiós, adiós para siempre, adiós. Y a otra cosa, mariposa.

1 la soltería: *etwa* Junggesellendasein
2 hablar pestes de a/c: hablar muy mal de a/c
3 con conocimiento de causa: *etwa* mit Sachkenntnis
4 tragar las bolas: *loc.* alles "schlucken", glauben
5 irrefrenable: unaufhaltsam, nicht zurückzuhalten
6 se me estropeó el rollo: *fam. etwa* das schöne Leben ist vorbei
7 la monada: la chica guapa

(Carlos apura la copa.)

Me pregunto qué tendré yo para gustarle tanto a las mujeres. ¿Ustedes lo comprenden? Tampoco yo. Pero es así, ¡qué le vamos a hacer! Se chiflan por mí. Y eso que no soy banquero, ni político, ni artista, aunque algún arte digo yo que tendré, y si no que se lo pregunten a ellas, ja, ja, ja… Susi decía que era muy tierno[1] y Maruchi que muy duro. Encarnita me llamaba «ángel» y Celia «demonio». ¡A ver quién entiende a las mujeres! Lo que decía mi padre, ¡quien las entienda que las compre! Ja, ja, ja. La que tenía gracia era Casilda dándoselas de importante, de segura, de mujer de mundo experimentada. ¿Sabéis qué me decía cuando acabábamos de hacer el amor? «Carlos, macho, funcionas muy bien, pero que muy requetebién[2].» Y se levantaba de un brinco[3]. «Te lo has ganado, tío, voy a servirte una copa; ¿qué quieres, lo de siempre?» Se desplomó[4] la pobre cuando dejé de verla. Tuvo una gran depresión y ya no levantó cabeza, ¿ustedes lo comprenden? Pues yo tampoco. Otro misterio de la vida. ¿Y Amalia? ¿Qué habrá sido de Amalia? *(Dándose un golpe en la frente.)* ¡Pero Carlos, burro, ¿cómo has podido olvidarla, si se suicidó por tu amor?! ¿Es que ya no recuerdas la carta que te escribió antes de tomarse las dos cajas de Valium? «No puedo vivir sin ti.» ¡Pobrecilla! Parece que la estoy oyendo. ¡Qué macabro! Y yo que recibo la carta un mes después. ¡Qué barbaridad, cómo está el correo! Y eso que vivía a tres manzanas de aquí. ¿Por qué haría una cosa así,

1 tierno/-a: cariñoso/-a
2 requetebién: fenomenal
3 el brinco: el salto
4 desplomarse: zusammenbrechen

la idiota? ¡Con lo buena que estaba! De verdad que no entiendo a las mujeres. ¿Por qué sufrirán tanto? ¿Por qué se lo tomarán tan a pecho[1]? Nada, que me lo voy a tener que creer. Que no me va a quedar otro remedio que pensar que soy único, insustituible, superdotado, un superman, un todo-terreno, un Rodolfo Valentino[2], un gran seductor, un verdadero don Juan. No, don Juan no. Don Juan a mi lado se queda chico. Todavía está por ver que yo persiga a una tía. A mí se me rinden[3]. A mí me conquistan todas. Me miran, se acercan, sonríen, me hablan y ya está, ya me enrollaron. ¡Si es que soy débil, qué le voy a hacer! ¡Si es que me lo ponen en bandeja[4]! ¡Si es que está tirado!… Con lo salidas[5] que están las mujeres, uno no da abasto[6].

Lo malo es que de vez en cuando tengo que cumplir con mi legítima[7] y cada día me apetece menos. Se ha estropeado mucho. En muy poco tiempo se ha vuelto vieja. Con la pulmonía que tuvo dio un bajón[8] y no se ha recuperado. Claro que tiene más de cuarenta y en una mujer los años no pasan en balde. En cambio a mí, nada. Parece que tengo treinta. Cada día estoy más en forma y estas canas[9] hasta me hacen interesante.

Lo que no me explico es por qué antes de casarme no me comía una rosca[10], es que no ligaba nada, pero nada de nada, y en cuanto me casé, sin saber por qué, por

1 tomarse a/c a pecho: sich eine Sache zu Herzen nehmen
2 Rodolfo Valentino: actor italiano muy atractivo, el típico *Latin Lover*
3 rendirse (e>i) a alg.: *hier* sich jdm. freiwillig hingeben
4 la bandeja: *hier* Präsentierteller
5 estar salido/-a: *fam. hier* geil sein
6 no dar abasto: *fam.* nicht fertig werden können
7 mi legítima: *aquí* mi mujer
8 el bajón: Niedergang, Verschlechterung
9 la cana: el cabello blanco
10 no comerse una rosca: *loc.* no tener éxito con las mujeres

arte de birlibirloque[1], ¡así las tengo, así, detrás de mí como moscas! ¿Ustedes lo comprenden? Yo tampoco. Otro misterio al saco. ¿Será que mi mujer me sirve de amuleto?, ja, ja, ja. ¡Tendría gracia que el sexappeal me lo diera ella!

¡Y lo pesada que se ha puesto con lo del piso! Nada, que se le ha metido en la cabeza comprar un piso. ¡Y como están los pisos en Madrid! ¡Que no compro yo un piso, que no! Que no hipoteco mi vida[2]. ¡Si esto no puede seguir así! ¿Quién puede comprar un piso hoy día? La gente corriente, desde luego que no. Tiene gracia…, venía yo en el coche oyendo la radio…, le estaban haciendo una entrevista a un banquero, Alberto me parece que se llamaba y decía el tipo que los pisos iban a seguir subiendo hasta el año 2000. ¡Qué listos! Para que la gente se lo crea y siga comprando como loca y ¡hala, hala[3]! Los precios para arriba… El caso es que cambio de emisora cabreado, y oigo a una adivina[4] que decía todo lo contrario, que los pisos iban a bajar en picado a partir de julio. Yo, la verdad, entre el banquero y la adivina me quedo con la adivina y, si todo el mundo hiciera lo mismo, los pisos bajaban, ya lo creo que bajaban.

Así que, se ponga como se ponga, por el momento no hay piso. ¡Y que se fastidie, por lo puñetera[5] que es! Siempre protestando, que si no me ayudas en casa…, que si has dejado los calcetines debajo de la cama, que si yo no soy tu criada. ¡Vamos, anda! ¡Si debería dar saltos de alegría por el hombre que tiene! ¿He faltado

1 por arte de birlibirloque: *etwa* wie von Zauberhand
2 hipotecar la vida: *etwa* sich hoch verschulden
3 ¡hala!: vamos! venga!
4 la adivina: Wahrsagerin
5 puñetero/-a: *vulg.* bescheuert, Scheiß~

alguna noche a dormir a mi casa? ¿He llegado muchos días después de las doce? Con los dedos de la mano se podrían contar. ¡Y que no se me ocurra, porque el numerito que puede montar[1] la señora es fino! ¿De qué se quejará? Si hasta me está entrando complejo de Cenicienta[2], si en cuanto suenan las doce echo a correr y no paro... hasta miedo le tengo. ¿Qué más querrá la hija de su madre? Nunca mejor dicho, la hija de su madre, porque es igual, igualita que mi puñetera suegra. Como se le meta una cosa en la cabeza, hasta que no lo consigue no para. Es tipo gotera[3]. Ahora, que el piso no lo compro. Se ponga como se ponga. ¡No sé cómo la he aguantado tanto tiempo! No sé cómo no he cogido la maleta de una puñetera vez, porque lo que son ganas, la verdad es que muchas veces no me faltan.

(Carlos mira el reloj.)

La una. La una y sin dar señales de vida. ¡Claro, ella puede entrar y salir sin contar con nadie porque como es una santa, como siempre está haciendo obras de caridad...! Y que no se me ocurra desconfiar, porque ¡madre mía!, un día que le dije algo medio en broma, ¡cómo se puso! Y es que no hay derecho, no hay derecho a que uno tenga que llegar antes de las doce, mareándome encima[4] por encontrar una excusa, y ella, con el rollo de la familia, ni viene ni se le ocurre avisar siquiera. «Pero Carlos, si he ido a casa de mi tía Angélica que no se podía mover de la cama con el lumbago[5]..., yo que culpa tengo si a ti nunca se te

1 montar un número: *etwa* Ärger machen, eine Szene machen
2 Cenicienta: Aschenputtel
3 es tipo gotera: *etwa* sie ist hartnäckig
4 marearse encima: *vulg.* tener mucho miedo
5 el lumbago: Hexenschuss

puede localizar, como tu trabajo es de calle...» «¡Yo qué culpa tengo! ¡Yo qué culpa tengo!» El que no tengo culpa de nada soy yo. ¿Crees que a mí me gusta estar todo el día de un lado a otro? ¿Crees que me gusta vender corbatas de tienda en tienda? Pues no señora, no me gusta un pimiento[1], me toca las narices[2] y si lo hago es porque no me queda otro remedio, porque de algo hay que vivir, como me decías cuando me obligaste a coger el empleo. ¡Si hubieras tenido un poco de paciencia...! Pero no, tú erre que erre[3], «Carlos que no tenemos para el alquiler... Carlos que el teléfono... Carlos que la lavadora... Carlos que no puedes quedarte en casa sin hacer nada...». ¡Con lo que a mí me gusta no hacer nada! Pero ella, a lo seguro. Y lo seguro eran las corbatas. Lo seguro era entrar en el negocio de su tío y tenerme bien cogido en el clan familiar. ¡Y menudo[4] clan, menuda familia tiene! Todos como una piña[5]. Todos preocupadísimos por mí hasta que me pusieron a vender corbatas. Hasta entonces no descansaron los malditos padres.

(Carlos se sirve otra copa y cambia de emisora.)

¡Ay! Si hubiera sabido el éxito que me esperaba con las mujeres no me habría casado nunca. Casi sin trabajar podía haber vivido. Total, con desayunar con una y comer con otra me hubiera apañado[6]. ¡Si yo no tengo ambiciones! Pero no pudo ser. Me cazó esta lagarta[7],

1 no gustar un pimiento a alg.: *fam.* no gustar nada a alg.
2 tocar las narices a alg.: *fam. loc.* molestar a alg.
3 erre que erre: *fam.* hartnäckig, stur
4 menudo/-a: *fam. (aquí iron.)* vaya (was für ein/eine ~!)
5 ser como una piña: eine eingeschworene Gemeinschaft sein
6 apañarse: zurechtkommen
7 el/la lagarto/-a: Biest, Luder

la primera que me miró, y yo como un imbécil[1] caí en sus garras[2]. Son casi las dos. ¡Ay! Me ha dado una punzada[3] en el pecho, aquí en el lugar del corazón… y se me baja por el brazo izquierdo…, ¿será un infarto? ¡Qué injusticia tan grande! A mí me está dando un infarto solo en casa y ella con su tía que apenas tiene un dolorcito de lumbago…
Ya se pasó. Habrá sido nervioso.
¿Por qué no me habrá llamado por teléfono? Claro que también podía llamarla yo. ¿Y si no está en casa de su tía? No son horas de despertar a nadie.
Bueno, me voy a la cama. Estoy agotado y mañana hay que madrugar. Le dejaré la luz encendida.

➸ *p. 110, tareas 1 y 2*

(Carlos sale por la puerta derecha. Pasados unos segundos vuelve a la escena en pijma y leyendo una carta.)

CARTA.—«Querido Carlos: Te escribo porque hubiera sido muy violento decírtelo cara a cara y estoy harta de discusiones. Esta vez es de verdad. Me voy, o mejor dicho, cuando leas la carta ya me habré ido. Me separo de ti para siempre.»

CARLOS.—¿Pero qué dices? ¿Qué bicho te ha picado hoy, vamos a ver?

CARTA.—«Hace ya tiempo que no sentía nada por ti. Bueno, miento, sentía malestar, frustración, agresividad y un vacío tan grande que me preguntaba que si esto era la vida, no quería seguir viviendo.»

1 el/la imbécil: el/la tonto/-a, el/la idiota
2 caer en las garras de alg.: *loc.* in jds. Fänge geraten
3 la punzada: Stich

CARLOS.—¡Pero se ha vuelto loca de repente! Ayer tan normal y hoy me sale con éstas.

CARTA.—«Seguro que ni te has dado cuenta. Vuelves tan tarde y tan cansado y te fijas tan poco en mí... Pero no creas que soy tonta, ni que me he chupado el dedo[1], ni que me he tragado todas las bolas que me metías. No, para nada. Estaba al corriente[2] de la situación y de lo que no tenía pruebas lo imaginaba.»

CARLOS.—Mentira. No sabe absolutamente nada. Es una zorra[3]. Lo dice a ver si saca algo en limpio[4], pero si se ha creído que voy a picar en el anzuelo[5], va lista. Además, aunque supiera, ¿qué es lo que puede saber? ¿Que he salido con algunas chicas? ¡Y eso qué tiene de malo! Pues, anda, que como están los tiempos... ¡Y como están las mujeres... que tienen más libertad que los hombres! Yo hago lo que todo el mundo. Bueno, lo que todo el mundo no, porque la mayoría se separa y dejan a la mujer plantada[6] con lo hijos y sin pasarle un duro. No tenemos hijos pero nunca los abandonaría. Como no abandono a mi mujer. Es cuestión de principios.

CARTA.—«He sufrido mucho a tu lado. Sólo los dos primeros años fueron buenos, pese a los problemas económicos. Entonces me querías, pero después... no sé lo que pasó.»

CARLOS.—¡Qué va a pasar! Nada, que no se puede estar siempre como el primer día.

1 no chuparse el dedo: *loc.* nicht blauäugig/naiv sein
2 estar al corriente: auf dem Laufenden sein
3 la zorra: *vulg.* la puta
4 sacar algo en limpio: *loc. etwa* einen Zufallstreffer landen
5 picar en el anzuelo: *loc.* anbeißen, auf etw./jdn. reinfallen
6 dejar a alg. plantado/-a: jdn. sitzen lassen

CARTA.—«Lo cierto es que en los últimos años hasta me había olvidado de que era una mujer. Me sentía como un mueble, como un robot que se levantaba, arreglaba la casa, preparaba la comida, lavaba, planchaba y esperaba con ansiedad que regresaras. Y siempre para nada. Mantuve la esperanza demasiado tiempo pensando que cambiarías, que me mirarías como a una mujer, que me besarías con ardor. ¡Lo deseaba tanto! Pero el milagro no se producía. Tú ya venías harto de besos nuevos, frescos y excitantes.»

CARLOS.—*(Tirando la carta al suelo.)* ¡Si piensas que voy a seguir leyendo tonterías, estás pero que muy equivocada! Vamos a ver, ¿qué quejas puedes tener de mí? ¿No te doy dinero bastante para la casa y para todos los caprichos[1] que se te antojan[2]? Hasta un lavaplatos te he comprado. ¡La falta que nos hará un lavaplatos para dos personas que somos y yo que casi nunca como al mediodía! ¿Y la lavadora-secadora que vale cuatro veces más que la corriente? Total, ¿para qué? Para secar cuatro camisas... Y el año pasado se te antojó un abrigo de pieles, ¿te puse algún impedimento[3] para que lo compraras? La verdad, María, no sé lo que quieres de mí, no te entiendo. Cualquier mujer estaría encantada y tu siempre insatisfecha, siempre de morros[4], con la cara larga haga lo que haga.
Además, ¿sabes lo que te digo? Que no me creo que te vayas. ¿Adónde vas a ir con la edad que tienes? ¡Y con lo vieja que estás! ¡Como no te vayas con alguna de tus tías...! ¡Pues vaya cambio! Dejas tu casa, tu marido y veinte años de matrimonio sin motivo ninguno, por

1 el capricho: el humor
2 antojarse: *impers. etwa* in den Sinn kommen
3 el impedimiento: el obstáculo
4 estar de morros: *fam.* schmollen

puro capricho, porque te da la vena[1], porque te aburres, porque ya no es como antes. Olvídate de romanticismos, mujer, que los tiempos no están para bromas. Nunca debí dejarte que te pusieras a trabajar. Si no tuvieras un trabajo no me montarías estos números. Pero, claro, allí las amigas te calentarán la cabeza[2]. Seguro que hay muchas separadas y tú, tan inocente, no has querido ser menos. Pensarás que es más moderno separarse. Volverás. Ya lo creo que volverás. Y quizás esta misma noche. No es la primera vez que das la espantada y te vas a dormir con tu tía del alma. Voy a llamar. Seguro que está allí. *(Marca el número del teléfono.)* ¿Está María? Perdone que la moleste a estas horas, pero no me ha dejado ninguna nota y empezaba a preocuparme... ¿De viaje? ¿Que se ha ido de viaje...? No, no me ha dicho nada... Buenas noches, adiós. *(Carlos cuelga el teléfono.)* ¿De viaje? Esto me mosquea[3] un rato. *(Vuelve a coger la carta del suelo* y *continua leyendo.)*

CARTA.—«Hace unos meses conocí a un hombre en una cafetería. Él también se encontraba solo desde que murió su mujer.»

CARLOS.—¡Un viudo! Tendrá ochenta años y hasta le parecerías joven.

CARTA.—«Es más joven que yo, le llevo[4] casi siete años, pero no le importa.»

1 dar la vena a alg: *fam.* tener ganas
2 calentarle la cabeza a alg.: *hier* jdn. aufstacheln
3 mosquear a alg.: enfadar a alg.
4 llevar x años a alg.: tener x años más que alg.

CARLOS.—¡Qué extraño! Aquí hay gato encerrado[1]. Será un listillo[2]. Habrá pensado que tienes dinero. Como irías con el abrigo de pieles. La culpa es mía. Soy un imbécil. ¿Por qué te lo regalaría?

CARTA.—«Al principio creí que se estaba riendo de mí. ¡Fíjate, me encontraba atractiva!»

CARLOS.—Ese viudo debe estar ciego o cuando menos tiene cataratas[3].

CARTA.—«El caso es que a partir de ese día nos seguimos viendo. Hace ya seis meses.»

CARLOS.—¡Vaya con la mosquita muerta[4]! ¡La fiel esposa, la que se indignaba cuando me permitía la más mínima broma! Seis meses poniéndome los cuernos[5] y yo sin enterarme. ¡Sinvergüenza, puta, ramera[6]!

CARTA.—«Al principio me sentía culpable.»

CARLOS.—¡Vaya, es un consuelo!

CARTA.—«Pero después, pensando en los dieciocho años que llevas engañándome tú, me pareció una tontería.»

CARLOS.—No es ninguna tontería. ¡Qué va a ser una tontería! ¿Acaso piensas que es lo mismo el engaño de un hombre que el de una mujer? ¿Pero estás en la luna, o qué? ¡Si estuvieras aquí no sé lo que te haría! ¿Te das cuenta de lo que has hecho? ¿Te das cuenta de lo que estás haciendo de mí? Primero vendedor de corbatas y ahora un cornudo[7]. A ver, dime, dime con qué cara me presento mañana en el trabajo. Vamos,

1 aquí hay gato encerrado: *loc.* hier ist was faul!
2 el listillo: *fam.* Klugscheißer
3 la catarata: *hier* grauer Star (Augenkrankheit)
4 la mosquita muerta: persona que engaña a alg. y lo intenta disimular
5 ponerle los cuernos a alg.: *loc.* engañar a alg.
6 la ramera: *vulg.* la puta
7 el cornudo: el marido engañado

habla… Tú lo que quieres es hacerme un desgraciado. Un hombre tiene que dar buena imagen, seguridad, ¿y qué seguridad voy a transmitir lleno de cuernos y abandonado? Ninguna, ninguna. No venderé una sola corbata. La seguridad es muy importante en la vida.

CARTA.—«El caso es que he recobrado[1] la seguridad en mí misma, no sólo como mujer sino en todo, ya no me dan miedo los coches, ni los perros, ni nada.»

CARLOS.—Muy bonito, has recobrado la seguridad a costa de la mía.

CARTA.—«Hasta me veo guapa. ¡No te rías, es de verdad! Me desea más que a ninguna otra mujer. Debe de ser porque está enamorado. He vuelto a creer en el amor, Carlos, y es maravilloso. Te deseo la misma suerte.

CARLOS.—¡Mierda, mierda, mierda! *(Arrugando[2] la carta entre las manos.)* ¿Sabes lo que te digo? Que me alegro de que te vayas. Que estaba de ti y de tus caprichos hasta la coronilla[3]. Que eres fea, vieja y no vales nada, que prefiero estar con cualquier chica de la calle que contigo, que si no te he dejado antes es porque soy un hombre de bien, con principios, y sobre todo porque me dabas lástima.

CARTA.—«A ti no te será difícil rehacer tu vida con una o con varias, como te apetezca.»

CARLOS.—Desde luego que no, mañana mismo si quiero.

1 recobrar: reencontrar
2 arrugar: zerknüllen
3 estar hasta la coronilla de a/c: estar harto/-a de a/c

CARTA.—«Este encuentro ha sido un milagro que nos puede librar[1] a los dos. La verdad es que no comprendo cómo has podido estar conmigo tanto tiempo gustándote tan poco.»

CARLOS.—El que no lo comprendo soy yo.

CARTA.—«En el fondo es posible que te diera lástima dejarme después de tantos años.»

CARLOS.—No me daba lástima. ¡Me daba rabia! ¡Rabia de sentirme atado, rabia de necesitarte para toda la vida! Sería la costumbre porque ¿qué otra cosa podía ser? Bueno, veamos cómo acaba la novelita rosa[2].

CARTA.—«Nos vamos a vivir fuera. Es extranjero. Puedes quedarte con todo. Él tiene una buena posición y yo trabajaré. Nunca dejaré de trabajar. Adiós y que todo te vaya bien. Sinceramente. María.»

CARLOS.—¿Al extranjero? ¿Se va al extranjero? No, ni que lo piense, a mí no me hace una tía esto. Se va a enterar de lo que vale un peine[3].

(Carlos marca nervioso un teléfono.)

¿Policía…? Buenas noches. Oiga, por favor, me encuentro en un gravísimo apuro[4], le ruego que me ayuden… Es una situación desesperada… De mi esposa, se trata de mi esposa… No, no ha tenido ningún accidente… no, desgracia tampoco. ¡Pues por qué va a ser! Porque se ha largado[5] con otro… Gracias, pero el que lo siento soy yo… ¿Que qué quiero que hagan? Pues que la busquen

1 librar: salvar
2 la novela rosa: Kitschroman, Liebesroman
3 se va a enterar de lo que vale un peine: *etwa* sie wird ihre gerechte Strafe schon bekommen
4 el apuro: *aquí* una situación difícil
5 largarse: irse

y que me la traigan a casa... Morena, de estatura normal, ni alta ni baja... cuarenta y dos años..., ni guapa ni fea, corriente, una mujer vulgar y corriente... Puede que lleve un abrigo de pieles, pero no estoy seguro... ¿Una denuncia[1]? No hay tiempo para denuncias. Piensa irse de viaje..., al extranjero lo más probable, y tienen que impedirlo. Si logra coger el avión no volveré a verla jamás. La conozco muy bien, es cabezota[2] como ella sola y cuando toma una decisión... ¿Que qué avión va a tomar? ¡Y yo qué sé! Si lo supiera no estaría perdiendo el tiempo en el teléfono... ¿A qué país? Tampoco lo sé... Por una carta que me ha dejado... No, no dice nada del avión, sólo que el tipo que se la ha enrollado es extranjero. Extranjero y viaje, pues está claro... El debe tener unos treinta y tantos años... No, viudo... Sí, más joven que ella y ¡también tiene más dinero que yo!... Perdone, estoy muy excitado... No, no tengo idea de la nacionalidad. ¡Ni me importa un rábano[3]!... Perdone otra vez... Lo del avión me lo imagino, es más rápido para quitarse de en medio[4], pero puede que usted tenga razón y se vaya en tren o en coche... Sí, tendrán que vigilar también las estaciones y las carreteras... ¿Que no pueden? ¿Cómo no van a poder?... ¿Complicado?... ¿No lo hacen cuando se escapa un terrorista?... ¿La seguridad del Estado? ¿Y mi seguridad? ¿Es que mi seguridad no le importa a nadie? Si pudiera verme..., estoy tan inseguro que hasta me tiemblan[5] las manos... No, nunca la he maltratado... Le he dicho que no, que

1 la denuncia: Anzeige
2 cabezota: stur, dickköpfig
3 importar un rábano a alg.: *fam.* dar igual/no importar nada a alg.
4 quitarse de en medio: *fam.* abhauen, sich verdrücken
5 temblar (e>ie): zittern

nunca le he puesto la mano encima...[1] ¿Que no puede hacer nada? ¡Tienen que ayudarme, me encuentro tan mal!... No necesito ningún médico y menos un psiquiatra. ¿Qué se piensa, que estoy loco?... Oiga usted, yo pago mis impuestos y tengo derecho como el que más. Les hago una llamada de socorro y están obligados a ayudarme. ¿Me oye? ¿Me oye? ¡Mierda, me ha colgado!

(Carlos se toma de un trago otra copa y marca de nuevo un teléfono.)

Angélica, ¿dónde está María?... Sí, usted lo sabe, claro que lo sabe. María no da un paso sin consultar a su familia... De viaje, sí, pero ¿adónde?... Aunque me lo jure por sus muertos no la creo... Se arrepentirá[2] de esto, se arrepentirá toda la vida si no me lo dice. Soy su marido y tengo derecho a saberlo... ¿No me lo dice, eh? Pues yo sí que le voy a decir unas cuantas cosas. ¿Sabe lo que es usted y toda su familia? Unos hipócritas y unos traidores encubridores[3], y su sobrina, ¿sabe lo que es? Una zorra, una ramera, una grandísima puta. ¿Angélica? ¿Angélica...? ¡Mierda! Otra que no quiere oír. ¡Pues me van a oír aunque no quieran! ¡Ay, la punzada! *(Echándose la mano al pecho.)* Tengo que relajarme..., respirar hondo..., porque me va a dar el infarto. Y lo que siento no es morirme. Lo único que siento es que esa hija de su putísima madre se salga con la suya. «El amor... He vuelto a creer en el amor y es maravilloso»... ¿Qué sabrás tú que es el amor? ¡Vuelve, María! No me dejes solo. Yo te quiero, a mi manera, pero te quiero. No me importa que seas vieja, ni fea, ni que fueras

1 poner la mano encima a alg.: golpear a alg.
2 arrepentirse de a/c (e>ie): etw. bereuen
3 encubridor/-a: *hier* heimlichtuerisch

ciega, coja o jorobada[1]. No me importa nada de nada. Tu sitio está aquí, no seas loca, aquí, en tu casa, con tu marido. Necesito verte al volver del trabajo o de donde coño[2] sea. ¿Qué te importa de dónde venga si al final éste es mi puerto, donde quiero dormir y despertar? No me hagas un desgraciado. Te lo prometo, María, voy a cambiar. Cambiaré por ti. Ya verás, todo será como antes, como cuando nos conocimos. Te mimaré[3], te haré caricias, te sacaré al cine y al teatro, iremos a cenar. Te juro que será distinto pero, por lo que más quieras, vuelve.

Lo que siento por ti no se puede expresar, no tiene nombre, es algo muy fuerte, más fuerte que yo, más poderoso que el sexo y que el amor. Te necesito, María. Por última vez te lo pido. ¡Vuelve!

¿No vienes, eh? Pues ya me he cansado, ya no te suplico más.

(Carlos se sirve una copa y se la toma de un trago.)

¿Qué crees, que no hay mujeres en el mundo? Pues estás muy equivocada. Y cualquiera vale más que tú. A ver, ¿qué tienes de especial? Nada, de especial no tienes absolutamente nada. Para colmo[4], ni siquiera eres atractiva, por mucho que lo diga ese extranjero. Eres vulgar[5], del montón y en una edad difícil, no me lo irás a negar. ¡Veremos a ver lo que haces cuando ese tipo te deje! A mí no se te ocurra buscarme.

(Carlos se sirve otra copa y la bebe pausadamente saboreándola.)

1 cojo/-a y jorobado/-a: einbeinig/hinkend und bucklig
2 de donde coño sea: *vulg.* woher auch immer
3 mimar: verwöhnen
4 para colmo: encima, además
5 vulgar: normal

Parece que la estoy viendo. En el aeropuerto. El extranjero la lleva cogida por los hombros del abrigo de piel que le regalé yo y que le sentaba tan bien. La besa. La besa una y otra vez en la mejilla, en la oreja, con ternura, con pasión, con promesas. Ella se deja hacer, pero de pronto se acuerda de mis besos. Se retira... Se aleja. Él se inquieta. «¿Qué te pasa?», le pregunta. «Nada», responde ella. Él vuelve a preguntar, nervioso. Ella tarda en contestar. «Nada, que no puedo olvidar a mi marido, lo siento, me vuelvo a casa.»

(Suena un timbre imaginario y potente.)

Ahí está. ¿Tengo o no tengo razón?

(Carlos, dando tumbos[1], abre la puerta. Puede ser cualquiera de las dos. Nadie entra.)

Pasa, pasa, estás en tu casa. Siéntate, ¿quieres tomar una copa? Lo suponía, nunca bebes, es igual, aunque deberías aceptarla por hacerme compañía. ¿Qué, te lo has pasado bien con ese pollo? Muy bien no estarías cuando has vuelto tan pronto. Si es lo que yo te digo, ¿adónde vas a ir tú con esa pinta y esa edad? ¿Y dónde vas a encontrar a un marido más atractivo que yo? ¡Así, así las tengo a todas, locas por mí, porque soy un superdotado, un superman, un todo-terreno, un don Juan, un Rodolfo Valentino, un macho ibérico.

(Carlos, que con dificultad por la borrachera ha pronunciado las últimas palabras, se desploma redondo[2] dejando caer la copa al suelo.)

TELÓN.

1 dar tumbos: taumeln
2 desplomarse redondo/-a: caer

1. Lee la primera parte de la obra (hasta p. 99, l. 13) y presenta la situación en la que se encuentra Carlos.
2. Especula: ¿Qué pasó con su esposa? ¿Qué va a hacer Carlos? ¿Cómo va a seguir la historia?
3. Sigue leyendo y resume la segunda parte. Luego indica el tema de la obra.
4. Caracteriza a Carlos. Ten en cuenta también el título de la obra.
5. Analiza cómo evoluciona el estado de ánimo de Carlos a lo largo de la obra.
6. Cuenta la historia de María según lo que escribe en la carta.
7. María ¿tiene razón o no? Justifica tu opinión.

Anexo

Gustavo Adolfo Bécquer
RIMAS

Rima XXIII

Por una mirada, un mundo;
por una sonrisa, un cielo;
por un beso... yo no sé
qué te diera por un beso.

1. Lee el poema.
2. Has leído algunas obras en un acto. ¿Quién de los protagonistas podría decir estas palabras? ¿En qué situación? Justifica tu opinión.
3. Escribe un poema según el modelo.

Gustavo Adolfo Bécquer
RIMAS

Rima LIII

Volverán las oscuras golondrinas[1]
en tu balcón sus nidos[2] a colgar[3],
y otra vez con el ala[4] a sus cristales[5]
jugando llamarán.
Pero aquellas que el vuelo[6] refrenaban[7]
tu hermosura y mi dicha[8] a contemplar,
aquellas que aprendieron nuestros nombres...,
¡esas... no volverán!.
Volverán las tupidas[9] madreselvas[10]
de tu jardín las tapias[11] a escalar[12],
y otra vez a la tarde, aún más hermosas
sus flores se abrirán.
Pero aquellas cuajadas de rocío[13],
cuyas gotas mirábamos temblar
y caer como lágrimas del día...
¡esas... no volverán!

1 la golondrina: Schwalbe
2 el nido: Nest
3 colgar: aufhängen
4 el ala: Flügel
5 el cristal: Fensterglas
6 el vuelo: → volar
7 refrenar: zügeln, bremsen
8 la dicha: la suerte
9 tupido/-a: dicht
10 la madreselva: una planta
11 la tapia: el muro
12 escalar: montar, subir
13 cuajado/-a de rocío: *etwa* mit Tau benetzt

Volverán del amor en tus oídos
las palabras ardientes[1] a sonar;
tu corazón de su profundo sueño
tal vez despertará.
Pero mudo[2] y absorto[3] y de rodillas[4]
como se adora a Dios ante su altar,
como yo te he querido...; desengáñate[5],
¡así... no te querrán!

1. Lee atentamente el poema e indica el tema.
2. Compara los sentimientos y el estado de ánimo del *yo lírico* con los de Carlos en ¿Tengo razón o no?

1 ardiente: brennend
2 mudo/-a: stumm
3 absorto/-a: versunken, vertieft
4 de rodillas: auf Knien
5 desengañarse: seine Illusion verlieren, den Irrtum einsehen

Pablo Neruda

VEINTE POEMAS DE AMOR Y UNA CANCIÓN DESESPERADA

Poema 18

Aquí te amo.
En los oscuros pinos[1] se desenreda[2] el viento.
Fosforece la luna sobre las aguas errantes[3].
Andan días iguales persiguiéndose.
Se desciñe[4] la niebla en danzantes figuras.
Una gaviota[5] de plata se descuelga[6] del ocaso[7].
A veces una vela. Altas, altas estrellas.
O la cruz negra de un barco.
Solo.
A veces amanezco, y hasta mi alma está húmeda.
Suena, resuena el mar lejano.
Este es un puerto.
Aquí te amo.
Aquí te amo y en vano[8] te oculta el horizonte.
Te estoy amando aún entre estas frías cosas.
A veces van mis besos en esos barcos graves,
que corren por el mar hacia donde no llegan.
Ya me veo olvidado como estas viejas anclas[9].

1 el pino: un árbol (Pinie)
2 desenredarse en a/c: *etwa* durch etw. hindurchpfeifen
3 errante: ziellos, umherirrend
4 desceñirse: *aquí* convertirse en a/c
5 una gaviota: un pájaro blanco que se encuentra cerca del mar (Möwe)
6 descolgarse de a/c: *hier* von etw. Abstand halten
7 el ocaso: la puesta del sol, el atardecer
8 en vano: vergeblich
9 el ancla *f.*: Anker

Son más tristes los muelles[1] cuando atraca la tarde.
Se fatiga mi vida inútilmente hambrienta[2].
Amo lo que no tengo. Estás tú tan distante.
Mi hastío[3] forcejea[4] con los lentos crepúsculos.
Pero la noche llega y comienza a cantarme.
La luna hace girar su rodaje[5] de sueño.
Me miran con tus ojos las estrellas más grandes.
Y como yo te amo, los pinos en el viento,
quieren cantar tu nombre con sus hojas de alambre[6].

1. Lee el poema.
2. ¿En qué situación se encuentra el *yo lírico*?
3. Examina la imagen del amor en este poema y compárala con la retratada en las obras en un acto que has leído.

1 el muelle: Kai, Anlegebrücke
2 hambriento/-a: tener hambre
3 el hastío: el disgusto, el aburrimiento
4 forcejear con a/c: sich etw. widersetzen, mit etw. ringen
5 el rodaje: Dreharbeiten
6 el alambre: Draht

Juanes
Difícil

No sé qué es más difícil
ya para mí
si irme y olvidarte
o tu mejor amigo ser.

Ya somos tan distintos
y afines a la vez,
ya no es posible amarnos
como la primera vez.

Lo veo en tus ojos
cansados de llorar
andar en esta guerra
luchando por amarnos bien.

Lo siento en mis lágrimas
que ahogan[1] ya mi fe
de hablarnos como antes
como la primera vez.

Y quiero gritar, y quiero gritar.
¿Por qué se acabó?
¿Por qué terminó?
Si supuestamente esto
era para siempre.
¿Por qué se acabó?
¿Por qué terminó así?

1 ahogar: ertränken

¿A dónde fue nuestro amor?
Jardín que sembramos[1] los dos.
¿A dónde fue nuestro amor?
El viento se lo llevó.

En el lugar más oscuro
de mi espíritu,
se refleja aún viva tu imagen
conoce tu carne, tu vida y tu fuerza
tu noche, tu espacio, tu mente.

Y quiero gritar, quiero gritar.
¿Por qué se acabó?
¿Por que terminó?
Si supuestamente esto
era para siempre.
¿Por qué se acabó?
¿Por qué terminó así?

http://www.the-lyrics-site.com/show-lyrics.php?lid=27578&artist=Juanes&title=Dificil,04-02-09

1. Lee la letra de la canción. ¿Cuál es el tema?
2. ¿Por qué se acabó? ¿Por qué terminó? ¿A dónde fue nuestro amor? Imagina que eres la pareja del *yo lírico*. ¿Qué le responderías?
3. El *yo lírico* de esta canción discute con Carlos («¿Tengo razón o no?») y Gonzalo («Ultimar detalles») sobre su estado de ánimo.
   Escribid la discusión y después ponedla en escena.

1 sembrar: säen

Él y ella

José Luis Alonso de Santos
Cuadros de amor y humor, al fresco

Cuadros de amor y humor, al fresco está escrito a modo de pinceladas[1] en el enlucido[2] de la realidad cotidiana, con los colores de nuestros sentimientos y el dibujo del juego de nuestras emociones. En el fondo del cuadro la eterna lucha entre los sexos opuestos, que se necesitan para encontrar su sentido. Hombres y mujeres hablando de, para, con, contra, desde... las mujeres y los hombres. Piel buscando otra piel para reconocerse. Amo y sufro: luego existo. Quién lo probó lo sabe... , como dijo el poeta.

Monólogos y diálogos que se cruzan en una espiral para hablar de placeres esperados, de pensamientos, de estados de ánimo íntimos, de deseos y anhelos[3] que representamos cada día al vivir la aventura de relacionarnos con los demás.

El humor hace de mezcla, de estilo unificador y vehículo de comunicación. La dulce venganza amarga tantas veces de la risa entre nuestras limitaciones. De la realidad al deseo. Del sueño y la imaginación, al paso real del tiempo de nuestras pequeñas vidas. Debajo de las palabras hay millones de sensaciones que no podemos comunicar a los demás. Y cada personaje proyecta y oculta detrás de la más mágica de las palabras: amor, su agridulce historia.

1 la pincelada: Pinselstrich
2 el enlucido: Putz
3 el anhelo: Begierde, Sehnsucht

Entremos, pues, con los ojos abiertos por el humor en esta pintura. Las diferentes pinceladas de estos cuadros (las vivencias y diálogos de sus personajes) nos mostrarán su luz, su dibujo, su forma y su color.

Prólogo en: José Luis Alonso de Santos: *Cuadros de amor* y *humor, al fresco.* Madrid 2006, p. 85.

1. ¿Cuáles son los temas principales en la obra de Alonso de Santos?
2. Explica el título de su colección de obras en un acto.

«LOS JÓVENES NO QUIEREN IR AL TEATRO»

MADRID. Entre una botella de calimocho[1] y una butaca[2] en el último piso[3] de un teatro, los jóvenes optarían por la primera. Eso es lo que se podría deducir de la reacción de Gustavo Pérez Puig, director del Teatro Español, al planteamiento[4] de varias organizaciones en cuanto a la difícil accesibilidad[5] de los jóvenes a una cultura saludable.

El debate surge dentro de la polémica del botellón. El Consejo de la Juventud adoptó el pasado lunes una propuesta que criticaba el despliegue policial[6] para luchar contra la ingestión[7] de alcohol en la vía pública. El Consejo sugería también reflexionar sobre ofertas culturales más baratas y alternativas.

En el transcurso de la mesa redonda del pasado jueves sobre el papel de Madrid en la Cultura del Siglo XXI en el Centro Cultural de la Villa Puig, interrogado sobre el tema, afirmó que «los jóvenes no van al teatro porque no quieren».

«Prefieren gastar 90 euros en ir al estadio que 60 céntimos en ir al teatro». Cierto es que la entrada más barata en el Español[8] es de 1,50 euros. En el tercer piso.

Pero, al hojear[9] los programas de las salas, este teatro municipal es una excepción. Además, como lo señala Conchi Gallego, secretaria del Consejo de Juventud, «los jóvenes no salen los días de descuento, que son durante la semana, por las clases».

1 el calimocho: bebida alcohólica (mezcla de coca cola y vino)
2 la butaca: *hier* Parkettplatz
3 el tercer piso: *aquí* la categoría más barata en el teatro, tercer anfiteatro (dritter Rang)
4 el planteamiento: Fragestellung
5 la accesibilidad: Erreichbarkeit, Zugänglichkeit
6 el despliegue policial: Polizeiaufgebot
7 la ingestión: el consumo
8 el (Teatro) Español: nombre de un teatro famoso en Madrid (cf. l. 8)
9 hojear: durchblättern (→ la hoja)

Asimismo, Gallego lamenta que no haya más ofertas culturales baratas los sábados y domingos. De hecho, en muchos sitios, el carné joven[1] no sirve esos días.

Pero Conchi Gallego reconoce que muchos adolescentes y estudiantes no tienen una cultura de las artes escenográficas en Madrid.

«Lo que necesitan los jóvenes, sobre todo, son lugares para reunirse y desconectar los fines de semana». Sin embargo, Gallego no tira la toalla. Opina que se deben «comtemplar campañas públicas para sensibilizar y crear hábitos[2] culturales saludables desde la educación».

http://www.elmundo.es/papel/2002/02/09/madrid/1104855.html
14-02-2009

1 el carné joven: la tarjeta para jóvenes que sirve para obtener descuentos

2 el hábito: la costumbre, el comportamiento

«¿CÓMO OCUPAR SU TIEMPO DE OCIO?»

ALMERÍA. La última encuesta[1] realizada por el Injuve[2] sobre el ocio y tiempo libre de este sector poblacional desvela[3] que sólo dos de cada diez chavales[4] de entre 15 y 29 años —en concreto, el 19,5 %— ocupan su tiempo de ocio[5] yendo al teatro, aunque ocho de diez —el 78,2 %— reconoce que suele ir con asiduidad[6] al cine.

Otra actividad escogida por los jóvenes es escuchar música (93,5 %). Ahora bien, salir con los amigos casi iguala la tendencia anterior. El 92,5 % defiende que lo que más le gusta es salir con los amigos.

Ir a ver un montaje teatral tiene más seguidores entre los jóvenes de 25 a 29 años (22,6 %) que entre los adolescentes (14 %). En cuestión de sexos, las mujeres prefieren más ir al teatro que los hombres. Mientras que sólo un 10,6 % de los chicos de 15 a 19 años considera esta opción, la elige el 17,5 % de las chicas.

texto adaptado de: http://www.ideal.es/almeria/prensa/20070913/local_almeria/ocho-cada-diez-jovenes_20070913.html, 9-2-2009

1. Los jóvenes y el teatro: resume las informaciones que nos dan los dos textos en cuanto a este tema.
2. «Prefieren gastar 90 euros en ir al estadio que 60 céntimos en ir al teatro.» Comenta esta frase basándote en los textos y tomando en cuenta tus propias experiencias con el teatro.

1 la encuesta: Umfrage
2 el Injuve: Instituto de la Juventud
3 desvelar: revelar, mostrar
4 el chaval: el joven
5 el tiempo de ocio: el tiempo libre
6 la asiduidad: la regularidad

José Luis Alonso de Santos

Este director, actor y dramaturgo nació en el año 1942 en Valladolid y desde 1959 vive y trabaja en Madrid. Cursó los estudios teatrales allí y su carrera teatral se inició en 1969 en el teatro independiente. Alonso de Santos es autor de muchas obras entre ellas *Bajarse al moro, La estanquera de Valladolid* y *Salvajes*, las tres también películas de cine. Ganó muchos premios para su obra, entre otros el Premio Nacional de Teatro y el Premio Tirso de Molina.

Paloma Pedrero

Nació en septiembre de 1957 y ya con 14 años comenzó como actriz en obras de teatro. Influenciada por su ex-marido Fermin Cabal escribió en 1984 su primera obra, *Imagen doble* y *La llamada de Lauren*. En 1987 obtuvo el Premio Tirso de Molina. Su teatro fue traducido a muchas lenguas y estrenado en Europa y Latinoamérica. Paloma Pedrero es actriz, directora y autora a la vez y escribe para el cine, el teatro y la televisión.

Carmen Resino

Carmen Resino es madrileña y licenciada en Historia. Después de sus estudios teatrales en la Universidad de Ginebra escribe obras teatrales desde finales de los años sesenta y cuenta hoy con casí 40 obras. Resino fue miembro fundador (1986) y presidenta de la «Asociación de Dramaturgas Españolas» para reforzar la actividad dramatúrgica femenina y mejorar la situación de la mujer dentro del contexto social. *Ultimar detalles* se publicó en 1989.

Concha Romero

Concha Romero nació en el año 1945 en Sevilla donde ya en su juventud tenía contacto con el teatro participando en el Grupo de Teatro Universitario de Sevilla. Estudió Filología Clásica en Salamanca y Arte Dramático en la Escuela de Cinematografía en Madrid. Además de ser autora y dramaturga es profesora de latín en un instituto. No sólo escribe obras teatrales, sino también escribe para la televisión y el cine. La obra *¿Tengo razón o no?* se estrenó en 1989. Actualmente vive en Madrid.

Javier Tomeo

Nació en 1932 en Huesca y es un escritor y dramaturgo con mucho éxito. Se licencío en Derecho y Criminología en la Universidad de Barcelona. En el año 1967 publicó su primera novela *(El cazador)*. Entre otras obras teatrales escribió *Historias Mínimas* en 1988. Tomeo es un escritor imaginativo que se sirve de la técnica kafkiana de la parábola. Muchas veces se compara con Luis Buñuel.